创客教育系列丛书

信息学初步

陈明宏　主　编

宋新波　熊　超　副主编

清华大学出版社

北京

内 容 简 介

本书为创客教育系列丛书初中第三册，共分为 14 章，涵盖了联赛普及组的所有知识点，章节的编排参考了主题的难易程度及其相互间的联系。作为中学生信息学竞赛活动的培训教材，本书由具有丰富经验的信息学金牌教练编写，贴近中学生的认知水平和心理特点，主次分明，详略得当，循序渐进；针对每个重要的知识点配以经典的实例，问题分析细致、深入浅出，代码实现规范、清晰易读，便于理解和应用。同时，在讲解每一节的内容后，编者有机地结合相关知识点设计了具有一定难度的综合实例，以加强学生对所学知识的理解和应用，培养学生扎实的编程技能及思维。

本书适合初中三年级学生阅读使用。

图书在版编目(CIP)数据

信息学初步 / 陈明宏主编. —北京：清华大学出版社，2020.7
　（创客教育系列丛书）
ISBN 978-7-302-55896-5

Ⅰ.①信… Ⅱ.①陈… Ⅲ.①信息技术—初中—教学参考资料 Ⅳ.①G634.673

中国版本图书馆CIP数据核字(2020)第108945号

责任编辑：张　瑜
装帧设计：杨玉兰
责任校对：吴春华
责任印制：沈　露

出版发行：清华大学出版社
　　　　网　　　址：http://www.tup.com.cn, http://www.wqbook.com
　　　　地　　　址：北京清华大学学研大厦A座　　　　　　邮　　编：100084
　　　　社 总 机：010-62770175　　　　　　　　　　　　邮　　购：010-62786544
　　　　投稿与读者服务：010-62776969, c-service@tup.tsinghua.edu.cn
　　　　质量反馈：010-62772015, zhiliang@tup.tsinghua.edu.cn
印 装 者：三河市铭诚印务有限公司
经　　销：全国新华书店
开　　本：210mm×285mm　　　印　　张：14　　　字　　数：327千字
版　　次：2020年8月第1版　　　印　　次：2020年8月第1次印刷
定　　价：49.80元

产品编号：088183-01

序

　　全球化和人工智能、大数据、区块链等技术的飞速发展，正在深刻改变着人才需求和教育形态，促使学生掌握在 21 世纪生存和成功所需的知识与技能，它们被称为 21 世纪的高阶思维技能、更深层次的学习能力以及复杂的思维和沟通技能。创客教育与 STEM 教育作为跨学科综合教育的有效形态，在全球范围内，特别是在美国、英国、德国、以色列、芬兰、日本等发达国家，已被提升到国家发展及人才战略的高度。近年来，STEM 教育理念在我国也越来越受到广泛重视并达成共识，其优越性体现在以下方面。

　　一是用知识解决问题。学生需要应用知识和技能，并且必须能够将知识和技能、学习和能力、惰性学习和主动学习、创造性和适应性的学习转化为有价值的高阶思维的分析、评价与创造。

　　二是批判性思维。批判性思维被认为是 21 世纪学习的基础，包括对信息的获取、分析和综合，并可以被教授、练习和掌握。批判性思维还利用了其他技能，如交流、信息素养能力，以及检验、分析、解释和评估证据的能力。

　　三是问题解决能力。21 世纪学生的另一个基本能力是解决问题，研究和解决问题的技能包括识别和搜索、选择、评估、组织和权衡备选方案和解释信息的能力。

　　四是沟通与协作。良好的沟通能力，包括口头和书面表达令人信服的想法的能力，能提出明确的意见，能接受连贯的指示，并通过言语激励他人，这些能力在工作场所和公共生活中都被高度重视。规范的合作学习需要改变课程、教学、评估实践、学习环境和教师的专业发展，21 世纪的合作将在学校内部、学校之间、学校内外的沟通之间发展。

　　五是创新与创造力。在全球化竞争和任务自动化的今天，创新能力和创新精神正在迅速成为职业和个人成功的必要条件，勇于"抓住"问题和实践探究"开拓新领域"的能力，激发新的思维方式，提出新的想法和解决方案，提出不熟悉的问题，并得出意想不到的答案，进一步激发创新和创造力。

　　六是基于项目和基于问题的探究式学习是 21 世纪教与学的核心，是实现 21 世纪教育目标的理想教学模式。学生们通过设计和构造现实生活中问题的实际解决方案来学习，在小组合作中，学生将开展跨学科知识融合与研究，对项目的不同部分负责，互相评价对方的工作并创造出专业的高质量产品，这将有助于培养学生在现实世界中解决问题的能力。

　　国内对 STEM 课程的研究还处于起步阶段，存在概念理解偏差、课程设置不完善以及师资力量不足等问题。一些技术驱动的创客内容，脱离了教育本质，未能以核心素养为本推动学生内在发展。虽然国内也出现了许多课程，如机器人、3D 打印、编程等，但大多呈现出碎片化的状态，没有形成一套完整的课程可供大家参考和借鉴。针对这种情况，"创客教育系列丛书"力求以系统化、可持续、可评价的方式开展 STEM 教育和创客教育的理论研究与实践探索，研发了一套 STEM 教育和创客教育的系统化课程，完成了从小学、初中到高中的有效衔接，以落实基于 21 世纪核心素养人才的培养方案。本丛书编写的指导思想，结合了我国国情，从"立德树人、服务选才、引导教学"角度出发，融项目式学习（PBL）、STEM 理念于一体，基于通识教育，以项目式学习推进 STEM 教育。该丛书包括小学三册、初中三册、高中三册，立足于大众创客教育，围绕数字创作、人工智能、创意制作、畅想创作四类课程有效进阶，结合网络学习平台，软硬结合，虚实融合，线上线下整合，培养学生 21 世纪核心技能。因此，该丛书的内容设计在选取上注重输入与输出的有效对接，每种课程都有合适的出口，最终都呈现出学生作品，与培育精英人才结合，与市、省及国家级的竞赛活动衔接。本丛书解决了跨学科融合与考试升学之间的矛盾；解决了不同地区经费需求不同的问题；解决了创客教育与 STEM 教育可持续性问题；解决了创客教育师资不足的问题。丛书出版以符合教育部公示并通过审核的面向中小学生的全国性竞赛活动为准，作品无论是虚拟创作还是实体制作，都是一个项目、一种工程。该丛书用项目式学习为师生提供明确的教学指引和学习支架，小学、初中、高中各阶段教材均以知识技能为主线，以项目教学或项目式学习为辅线，通过项目范例、项目选题、项目规划、探究活动、项目实施、成果展示、活动评价等环节引领教与学的活动。丛书中项目教学的思路主要通过项目式学习实施路径和项目活动评价表予以落实。

　　该丛书立足创客教育与 STEM 教育战略高度的顶层设计，聚焦教育创新战略，设计教育改革发展蓝图，积极探索新模式，借鉴国际教育发展前沿趋势和国内创新实践，聚焦提升人才培养质量，以为国家建设培养创新人才为核心，整合全社会资源，项目引路，构建由中小学校校内之间、不同学校之间以及校外与科研机构、高新企业、社区和高等学校组成的项目式学习发展共同体，以实施系统完整的创客课程与 STEM 课程为主线，打造覆盖区域的课程实施基地，面向全体，让每一个学生接受创客教育与 STEM 教育，通过课程的常态化和人才选拔，培养国家发展急需的创新型人才和高技能人才，为国际教育发展和科技创新型人才培养提供中国智慧和中国方案。

　　该丛书难免存在缺点和不足，殷切希望广大读者批评指正！

中国教育信息化创客教育研究中心

丛书主编　孙晓奎

2020 年 7 月

给同学们的话

　　信息学竞赛是一项旨在培养和选拔优秀信息技术人才的赛事，通过比赛和赛前的课程学习，不仅能给广大的中学生提供一个普及、交流信息技术和科学知识的平台，而且能促使那些有才华的学生更好地成长和发展。

　　信息学竞赛重在训练学生的计算思维、逻辑思维，考察培养学生分析问题、设计算法、编写调试程序等能力，是培养高质量人才的重要途径。在信息学竞赛训练中，要求学生通过逻辑分析，把一个真实的问题分解成若干个小问题，再由此构建起可行的数学模型，最后通过编程解决。

　　本书为创客教育丛书初中第三册，共分为14章，涵盖了联赛普及组的所有知识点，章节的编排也参考了主题的难易程度及其相互间的联系。作为中学生信息学竞赛活动的培训教材，本书贴近中学生的认知水平和心理特点，主次分明，详略得当，循序渐进；针对每个重要的知识点配以经典的实例，问题分析细致、深入浅出，代码实现规范、清晰易读，便于理解和应用。同时，在讲解每一节的主要内容后，编者有机地结合相关知识点设计了具有一定难度的综合实例，这是在所学知识的基础上进行的有效拓展，以加强学生对所学知识的理解和应用，培养学生扎实的编程技能及思维能力。

　　学习在于积累，实践是检验真理的唯一标准，书中的例题都配有完整代码和测试数据，为了最大限度地发挥这本书的作用，强烈建议重视所有的例题以及习题并进行同步训练。通过训练能够使能力及思维得到有效的

锻炼，为向高层次发展打牢基础，最终享受到解决问题所带来的乐趣。

　　本书在编写过程中，得到了胡永跃、陈智敏、黄细光等老师的指导、帮助和支持，还有获全国青少年信息学奥林匹克联赛一等奖的丁昊、彭泽铭、吴狄、邓奕鹏、姚敏清、郑少怀、池彦宽、郑海俊等同学的积极参与，在此一并致谢。

编　者

目 录
CONTENTS

创客教育系列丛书　初中第三册

第 1 章
初识 C++ 语言

  程序设计是信息学竞赛的基本功，是为了实现特定目标或解决特定问题而用计算机语言编写的一系列指令序列，熟悉并掌握一门程序设计语言是选手参与竞赛的第一步，目前竞赛中允许使用的程序设计语言主要为 C++。C++ 是一种面向对象的程序设计语言，本章将对 C++ 语言进行简单的介绍，包括 C++ 语言的特点、编写 C++ 程序解决问题的一般过程及基本程序结构。由于篇幅有限，本书不涉及面向对象的内容。

1.1　编写 C++ 程序解决问题的基本过程

程序设计语言 C++ 是在 C 语言的基础上扩充了面向对象机制而形成的一种面向对象的高级程序设计语言。一直以来，C++ 在 TIOBE 编程语言排行榜中都稳居前十，变化不大。编写 C++ 程序解决问题需要经历分析问题、设计算法、编写程序、调试运行、检测结果等过程。将处理问题的步骤编排好，用计算机语言组成序列，这就是常说的编写程序。下面将通过一个简单的例题，帮助大家熟悉计算机解决问题的基本过程。

例　蛋糕（cake，1s，256MB）。

【问题描述】

"六一"儿童节就要到了，为了让小朋友们过上一个开心愉快的节日，学校打算自制一批香甜可口的蛋糕。做一个蛋糕需要花费 4 元钱买鸡蛋，5 元钱买面粉。现在需要做 n 个蛋糕，学校需要花多少钱买蛋糕材料呢？

【输入格式】

输入一个整数 n（0<n<1000000），代表需要做 n 个蛋糕。

【输出格式】

输出一个整数，代表学校需要花的钱。

【输入样例】

5

【输出样例】

45

【问题分析】

步骤 1：分析问题。

针对任何一个实际问题编写程序，需要对问题的需求情况及已知条件进行详细分析。本题已知做一个蛋糕需要花费 4 元钱买鸡蛋，5 元钱买面粉，要求拿出做 n 个蛋糕需要花费的钱。由数学知识可知，结果 =(4+5)×n。

步骤 2：设计算法。

根据问题分析的结果，确定解决问题的方法及具体步骤。设计算法可以用自然语言描述，也可以用流程图的形式描述，越详细越好。本题可以用以下 3 个步骤解决（自然语言描述）。

（1）从键盘输入学校要做的蛋糕数量 n；

（2）用 s 表示做 n 个蛋糕需要花费的钱，s=(4+5)×n；

（3）输出结果 s。

步骤 3：编写程序。

有了清晰、可操作的算法描述，就可以启动 C++ 编程软件编写程序并保存，以实现算法。本题用 C++ 语言实现的代码如下：

```
//p1-1-1
#include<iostream>
using namespace std;
int main()
{
        int n,s;
        cin>>n;
        s=(4+5)*n;
        cout<<s;
        return 0;
}
```

步骤 4：调试运行。

调试程序需要通过编译将 C++ 编写的源程序翻译成机器语言（即用二进制数 1 和 0 表示的指令集合，计算机可直接识别和执行）格式的目标程序。编译出的目标程序通常还需要经历运行阶段，看看程序能否顺利执行。如果发现错误，可以进行跟踪调试，直至编译正确。

步骤 5：检测结果。

程序能够顺利运行以后，还需要对程序功能进行分析和检查，如果程序中有逻辑错误，计算机是检查不出来的。运行程序，输入样例中的数据 5，查看输出的结果是否与样例中的输出结果一致，为 45；或者输入符合题目意思的不同数据（蛋糕数），查看输出的结果是否正确，是否按照题目意思解决了问题。

1.2 C++ 语言的基本程序结构

1. 知识讲解

要熟练掌握一门程序设计语言，最好的方法就是充分了解、掌握程序的基础知识，并亲自体验，多敲代码，熟能生巧。在前文中我们利用 C++ 语言编写出了一个简单的程序，这个程序包含了每一个 C++ 程序的基本结构元素。下面我们再通过一个简单的例题，帮助大家了解并掌握 C++ 程序的基本结构。

例 聪明的小红（sum，1s，256MB）。

【问题描述】

小红的口算非常好，给出任意两个整数，她都可以在 1 秒钟之内算出这两个数的和。现在老师提高了难度，任意给出两个整数 a 和 b，要她在 1 秒钟之内口算出 a×3+b 的值。现在请你

编写一个程序验证小红的口算结果是否正确。

【输入格式】

输入两个整数 a 和 b，a 和 b 的值均小于 10000，用空格隔开。

【输出格式】

输出一个整数，表示 a×3+b 的值。

【输入样例】

4 6

【输出样例】

18

【问题分析】

算法很简单，首先输入 a 和 b，然后求出表达式 a×3+b 的值存放到 c 中，最后输出 c 的值。

参考程序如下：

```
//p1-2-1                      //注释
#include<iostream>            //头文件，使用 cin 和 cout 需调用 iostream 库
using namespace std;          //名字空间
int main()                    /* 主函数 */
{                             //函数中的所有语句需要放在一对花括号内
  int a,b,c;                  //定义整型变量 a、b、c
  cin>>a>>b;                  //使用 cin 输入数据并存放到 a 和 b 中
  c=a*3+b;                    //计算表达式的值并存放到 c 中
  cout<<c<<endl;              //使用 cout 输出结果并换行
  return 0;                   //结束程序
}
```

运行程序，输入 4 和 6，则输出 18。下面结合以上程序，对 C++ 程序的基本结构做出详细说明。

（1）头文件。

头文件是 C++ 程序对其他程序的引用，格式为 "#include< 引用文件名 >"，通常放在源程序或者源文件的最前面。语句 "#include<iostream>" 指示编译器对程序进行预处理的时候，嵌入一个名为 iostream 的 C++ 标准头文件，此文件包含输入 / 输出语句 cin 及 cout 的相关信息，是该程序中的必写语句。

（2）名字空间。

语句 "using namespace std" 指定所有标识符都定义在一个标准名字空间中，这是编程的必写语句，可以有效防止变量、函数、类同名的问题。

（3）主函数。

程序是由一个或者多个函数组成的，在 C++ 程序中，必须有且只有一个名为 "main" 的主

函数，无论"main()"函数在程序的什么位置，程序都是从"main()"函数开始执行。"main()"函数执行完毕，整个程序就结束了。其中，函数体，即定义一个函数功能的所有代码组成的整体，需要用一对大括号括住；"int"表示函数的返回值类型；"main()"函数中必须有一个"return 0;"语句，表示函数的返回值为 0，目的是告诉操作系统程序结束并退出。

（4）语句。

程序是通过各种命令语句有机组合以实现一定功能的，每个语句都以英文状态下的分号";"结尾。但需要注意的是，预处理命令（例如引用头文件）、函数头部以及花括号"}"之后不加分号。

"int a,b,c;"表示定义 3 个整型变量 a、b、c。"cin>>a>>b;"表示从键盘依次读入两个数给 a 和 b。"c=a*3+b;"是赋值语句，表示先根据 a 和 b 的值计算出右边表达式的结果，然后赋值给左边的变量 c，"="称为赋值号。"cout<<c<<endl;"表示在屏幕上输出变量 c 的值并换行。

另外，"//"后面或者"/*"到"*/"中间的语句表示注释，是为了增强程序的可读性，实际上编译和运行程序时是被忽略的，其中"/*"到"*/"可用于多行注释。同时，程序的书写要注意适当进行缩进，一般采用"逐层缩进"的形式，使得程序更加清晰易读。

（5）标识符。

程序中的变量名"a""b""c"等称为标识符，标识符表示对象的名字。C++ 中的标识符由大小写字母、数字和下划线构成，中间不能有空格，长度不限，不能够以数字开头。

（6）关键字。

程序中的"int""return"称为关键字。C++ 中预留了一些单词，这些单词具有特定的含义，不能用作标识符，称为关键字或者保留字。

2. 实践巩固

1）找规律（find, 1s, 256MB）

【问题描述】

给出一个数列 4,7,10,13,16,19,22…，这个数列的第 n 项是什么？

【输入格式】

输入一个整数 n，表示第 n 项 (n ≤ 1000)。

【输出格式】

输出一个整数，表示这个数列的第 n 项是多少。

【输入样例】

8

【输出样例】

25

2）追击问题（run，1s，256MB）

【问题描述】

甲、乙两人环绕周长 300 米的跑道跑步，甲每秒跑 6 米，乙每秒跑 4 米。如果两人从同一地点同向出发，假设两人永远保持体力可以一直均速跑下去，那么，甲可以第一次、第二次、……、第 n 次追上乙。

【输入格式】

输入一个整数 n，表示第几次追上 (n ≤ 10000)。

【输出格式】

输出一个整数，表示需要的秒数。

【输入样例】

1

【输出样例】

150

第 2 章

顺序结构程序设计

　　顺序结构、选择结构以及循环结构称为程序设计的三种基本结构。第 1 章的简单程序已经表现出问题处理的顺序关系，每条语句按自上而下的顺序依次执行一次。这种自上而下依次执行的程序称为顺序结构程序，顺序结构是最简单且最常用的程序结构。本章我们将学习 C++ 语言的基本语句，并且在学习过程中逐步掌握顺序结构程序设计的基本方法。

2.1 常量、变量及数据类型

2.1.1 标准数据类型

1. 知识讲解

计算机最早的应用就是数学计算，而计算会涉及数据及数据类型。C++ 语言提供了丰富的数据类型，包括整型、实型、字符型以及布尔型，它们都是系统定义的标准数据类型。各种数据类型的字节长度以及取值范围是不同的，其中整型、实型数据类型及其字节长度、取值范围如表 2-1 所示。

表 2-1 整型及实型数据类型的字节长度、取值范围

类型	具体类型	字节长度	取值范围
整型	short	2（16 位）	$-32768 \sim 32767$（$-2^{15} \sim 2^{15}-1$）
	unsigned short	2（16 位）	$0 \sim 65535$（$0 \sim 2^{16}-1$）
	int	4（32 位）	$-2147483648 \sim 2147483647$（$-2^{31} \sim 2^{31}-1$）
	unsigned int	4（32 位）	$0 \sim 4294967295$（$0 \sim 2^{32}-1$）
	long	4（32 位）	$-2147483648 \sim 2147483647$（$-2^{31} \sim 2^{31}-1$）
	unsigned long	4（32 位）	$0 \sim 4294967295$（$0 \sim 2^{32}-1$）
	long long	8（64 位）	$-9223372036854775808 \sim 9223372036854775807$（$-2^{63} \sim 2^{63}-1$）
	unsigned long long	8（64 位）	$0 \sim 18446744073709551615$（$0 \sim 2^{64}-1$）
实型（浮点型）	float	4（32 位）	$-3.4\text{E}+38 \sim 3.4\text{E}+38$，6 ～ 7 位有效数字
	double	8（64 位）	$-1.79\text{E}+308 \sim 1.79\text{E}+308$，15 ～ 16 位有效数字
	long double	一般为 16(128 位)，与编译器有关	$-1.2\text{E}+4932 \sim 1.2\text{E}+4932$，18 ～ 19 位有效数字

当然，在 C++ 语言中，还允许进行强制类型转换，即将某一数据的数据类型转换为指定的另一种数据类型，强制类型转换只是临时转换。强制转换的一般形式为：（类型名）（表达式），例如：已知有变量定义"float a=2.7,c=4.9;"，则"(int)(a+c)"的值为 7。

2. 实践巩固

三角形的面积（triangle，1s，256MB）

【问题描述】

给出直角三角形的两条直角边的长度，请编程求它的面积。

【输入格式】

输入两个数 a 和 b（0 ≤ a,b ≤ 1000）表示直角三角形的两条直角边的长度。

【输出格式】

输出一个数，表示这个直角三角形的面积。

【输入样例】

3 4

【输出样例】

5

2.1.2 常量与变量

1. 知识讲解

在程序中参与运算的量分为常量和变量。其中，常量是指在程序运行过程中，值保持不变的一些具体的数、字符。例如在走迷宫游戏中，我们规定迷宫的长 m 为 30 米，宽 n 为 20 米，这里的 m 和 n 就是常量。常量也有不同的类型，如 30 是整型常量，3.1415926 是实型常量。当然，也可以定义一个符号来代替常量，我们称之为符号常量，语法格式为：

类型名 const 常量名；

或

const 类型名 常量名；

例如：

```
int const A = 100;
const float PI = 3.1415926;
```

使用符号常量是为了增强程序的可读性，同时方便程序的修改。为了更清晰地区分常量和变量，常量名通常用大写字母表示。

变量是指在程序运行过程中，其值可以改变的量。例如走迷宫游戏中，机器人在移动的过程中，每一个时刻所处的位置就是变量。一个程序中可能要用到若干个变量，为了区别不同的变量，必须给每个变量取一个名，即变量名，变量中存储的值称为变量的值，变量所能够存储

的值的类型为变量所定义的类型。在 C++ 中定义一个变量的格式如下：

类型名 变量名1，变量名2,…，变量名n;

例如：

```
int x,y;
double z
```

而程序中的文件名、函数名、常量名、变量名等都称为"标识符"。C++ 中标识符的命名并不是任意的，应遵循以下几条规则。

（1）标识符不能和系统里的关键字同名；

（2）标识符只能包括字母、数字和下划线"_"，并且开头只能是字母或下划线；

（3）标识符必须先定义、后使用，在同一作用域内，标识符不能重复定义；

（4）标识符是区分大小写的，如 X 和 x、sum 和 Sum 都是不同的标识符；

（5）标识符要尽量做到"见名知义"，增强程序的可读性；

（6）考虑到系统的可移植性，建议标识符的长度不要超过 8 个字符。

例 圆的周长与面积（circle，1s，256MB）。

【问题描述】

输入一个圆的半径，输出该圆的周长和面积。

【输入格式】

输入一个数 r（$0 \leq r \leq 1000$），表示圆的半径。

【输出格式】

输出两个整数，用空格隔开，分别表示圆的周长与面积。

【输入样例】

3.5

【输出样例】

21.9911 38.4845

【问题分析】

已知一个圆的半径 r，求出该圆的周长和面积。由数学知识可知，圆的周长计算公式为 $l=2 \times \pi \times r$，圆的面积计算公式 $s=\pi \times r \times r$，其中 $\pi=3.1415926$。参考程序如下：

```
//p2-1-2
#include<iostream>
using namespace std;
int main()
{
```

```
const float PI=3.1415926;        // 定义一个 float 类型的常量 PI，表示圆周率
double r,l,s;                     // 定义变量 r、l、s 分别表示圆的半径、周长与面积
cin>>r;
l=2*PI*r;
s=PI*r*r;
cout<<l<<" "<<s<<endl;           // 英文双引号 " " 中的内容（空格）可原封不动输出
return 0;
}
```

2. 实践巩固

跑步（run，1s，256MB）

【问题描述】

奶牛最近缺乏锻炼，身体长胖了，影响了产奶量。于是农夫 John 决定让奶牛跑步，以保持标准体型。农夫上网查到了标准体型的公式：体重 = 身高 -105，其中体重的单位是千克，身高的单位是厘米。现在奶牛的身高是 X 厘米，体重是 Y 千克，农夫经过计算，发现奶牛的体重太重了，于是为奶牛制订跑步计划，奶牛每减重 1 千克需要跑步 C 次。假设奶牛的身高不会变化，奶牛总共需要跑步多少次，才能达到标准体型呢？

【输入格式】

输入一行，三个正整数：X、Y、C。

【输出格式】

输出一个整数，表示为了达到标准体型，奶牛总共需要跑步的次数。

【输入样例】

174 73 6

【输出样例】

24

【数据范围】

100% 的数据满足 $105<X<250$，$X-105<Y<300$，$1 \leqslant C \leqslant 10$。

2.2 赋值语句

1. 知识讲解

在 C++ 中，可以通过"赋值语句"来修改变量的值。赋值语句的格式如下：

变量名 = 值或者表达式；

变量名＝（变量名＝表达式）；

其中，"＝"称为"赋值号"，而不表示"等于"判断。例如，在走迷宫游戏中，"int x=1,y=1;"定义了两个整型变量 x 和 y，分别表示当前机器人在迷宫中所处的行与列的位置，给 x 和 y 都赋值为 1，表示最开始机器人站在迷宫中的第一行第一列的位置，也可以写成"int x=y=1"；在游戏的过程中，"x=x+1;"表示玩家如果发出的是向下指令，则机器人需要向下移动一步，所在的行的位置变成了下一行，因此将原来的行的编号 x 加 1 之后又赋值给 x，表示当前所在新行的位置。

需要注意的是，a=b 与 a==b 的意义完全不同，"=="是关系运算符，表示"等于"判断。当然，在进行赋值运算时，如果赋值运算符两边的数据类型不同，系统将会自动进行类型转换，即将赋值运算符右边的数据类型转换成左边的变量类型。当左边是整型而右边是实型时，将去掉小数部分并截取该整型对应的有效位数。

例　交换两个数的值（change，1s，256MB）。

【问题描述】

输入两个正整数 a 和 b，试交换 a、b 的值（使 a 的值等于 b，b 的值等于 a）。

【输入格式】

输入两个 int 范围内的整数，分别表示 a 和 b。

【输出格式】

输出两个整数，表示交换后的 a 和 b，中间用空格隔开。

【输入样例】

3 5

【输出样例】

5 3

【问题分析】

交换两个变量值的方法很多，一般我们采用引入第三个变量的算法。比如一瓶贴着酱油标签的醋和一瓶贴着醋标签的酱油要进行交换，我们需要借助一个空瓶子：① 将酱油倒入空瓶中；②将醋倒入酱油瓶中；③将原空瓶中的酱油倒入醋瓶中。

参考程序如下：

```
//p2-2-1
#include<iostream>
using namespace std;
int main()
{
    int a,b,c;
```

12

```
    cin>>a>>b;
    c=a;a=b;b=c;        // 借助第三个变量 c 交换 a 和 b 的值
    cout<<a<<" "<<b<<endl;
}
```

2. 实践巩固

成绩（score，1s，256MB）

【问题描述】

牛牛最近学习了 C++ 入门课程，这门课程总成绩的计算方法是：

总成绩 = 作业成绩 ×20% + 小测成绩 ×30% + 期末考试成绩 ×50%

牛牛想知道，这门课程自己最终能得到多少分？

【输入格式】

输入只有 1 行，包含三个非负整数 A、B、C，分别表示牛牛的作业成绩、小测成绩和期末考试成绩。相邻两个数之间用一个空格隔开，三项成绩满分都是 100 分。

【输出格式】

输出只有 1 行，包含一个整数，即牛牛这门课程的总成绩，满分也是 100 分。

【输入样例】

60 90 80

【输出样例】

79

【数据范围】

对于 30% 的数据，A =B=0。

对于另外 30% 的数据，A =B=100。

对于 100% 的数据，$0 \leqslant$ A、B、C $\leqslant$ 100 且 A、B、C 都是 10 的整数倍。

2.3 算术运算符与数学表达式

2.3.1 算术运算符

1. 知识讲解

C++ 中常用的算术运算符有加 (+)、减 (−)、乘 (*)、除 (/)、求余 (或称模运算，%)、自增 (++)、自减 (−−) 共七种。其中，除法运算符有一些特殊之处，即如果 a、b 是两个整数类型的变量或常量，那么 a/b 的值是 a 除以 b 的商。例如，5/2 的值是 2，而不是 2.5，而 5.0/2 或 5/2.0 的值才是 2.5；求余的运算符 "%" 也称为模运算符，两个操作数都必须是整型数，a%b 的值就是 a 除以 b 的余数，例如，5%2 的值为 1。

自增、自减运算符用来对一个操作数进行加 1 或减 1 运算，其结果仍然赋予该操作数。它有两种写法，即 "x++" 或者 "++x"，在单独使用时，其作用相同，都相当于 x=x+1。但是，在赋值语句中使用时，两种用法的结果就不一样了，"++x" 以及 "--x" 分别表示在使用 x 之前，使 x 的值加 1 和减 1；"x++" 以及 "x--" 分别表示在使用 x 之后，使 x 的值加 1 和减 1。例如，"int x,y=7;x=y++;" 中，首先定义了两个整型变量 x 和 y，y 的初始值为 7，通过赋值语句将 x 的值变为 y 的值 7 后，y 的值再自增为 8。需要注意的是，自增自减只能用于变量，不能出现类似 7++ 的情况。

例 1　阅读程序，写出程序的运行结果。

```cpp
//p2-3-1
#include<iostream>
using namespace std;
int main()
{
    int a,b,c,d;
    a=3;
    b=++a;
    cout<<a<<" "<<b<<endl;
    a=3;
    b=a++;
    cout<<a<<" "<<b<<endl;
    c=a/b;
    d=a%b;
    cout<<c<<" "<<d<<endl;
    return 0;
}
```

【问题分析】

运行程序，输出：

4 4

4 3

1 1

2. 实践巩固

幸运奶牛（luck，1s，256MB）

【问题描述】

有 n 头奶牛从左向右排成一行，编号是 1～n。如果某头奶牛的编号是 2 的倍数或者 3 的倍数，那么这头奶牛就是幸运奶牛。这 n 头奶牛中，总共有多少头奶牛是幸运奶牛？

【输入格式】

输入一行，一个整数 n。

【输出格式】

输出一行，一个整数，表示幸运奶牛的数量。

【输入样例】

10

【输出样例】

7（编号为 2,3,4,6,8,9,10 的奶牛都是幸运奶牛。）

【数据范围】

对于 70% 的数据，$1 \leqslant n \leqslant 10000$。

对于 100% 的数据，$1 \leqslant n \leqslant 2000000000$。

2.3.2 数学表达式

1. 知识讲解

将常量、变量、算术运算符、括号等连接在一起的计算式，称为算术表达式。当一个算术表达式中包含多个运算符时，遵循的计算顺序（运算优先级）为：先算括号里的，再算乘法、除法、模，最后算加法、减法，同一级别的从左向右依次计算，计算结果称为表达式的值。另外，在遇到多个 "++" 或者 "--" 时，计算的结合方向是按照表达式自右向左进行的。

此外，在 C++ 中，有时会对赋值表达式进行缩写，使得修改变量值的操作更加简洁。例如 "x=x+1;" 可以写成 "x+=1;"，"n=n/100;" 可以写成 "n/=100;"。

例 2 求和（sum，1s，256MB）。

【问题描述】

输入一个三位数 n，编写程序求三位数的三个数字之和。

【输入格式】

输入一个整数 n，表示三位数。

【输出格式】

输出一个整数 m，表示任意一个三位数的三个数字之和。

【输入样例】

897

【输出样例】

24

【问题分析】

先求出这个三位数的百位、十位、个位，然后相加得到三个数字之和。因此我们可以利用 "/" 的特性，即两个整数类型的变量 a 和 b 相除能够得到 a 除以 b 的商。通过 n/100 得到百位数；利用求余运算符 "%"，通过 n%10 得到个位数；通过 n/10 得到百位和十位构成的一个两位数后，再利用求余的方式得到十位数。参考程序如下：

```
//p2-3-2
#include<iostream>
using namespace std;
int main()
{
    int n,m,a,b,c;
    cin>>n;
    a=n/100;
    b=n/10%10;
    c=n%10;
    m=a+b+c;
    cout<<m<<endl;
    return 0;
}
```

2. 实践巩固

整数反转（fan，1s，256MB）

【问题描述】

输入一个四位数 n，编写程序把这个四位数反转，例如 1234 反转成 4321。

【输入格式】

输入一个整数 n，表示四位数。

【输出格式】

输出一个整数 m，表示反转后的四位数。

【输入样例】

1234

【输出样例】

4321

2.3.3 常用数学函数

1. 知识讲解

C++ 还提供了一些简单的数学函数以方便计算。常用的数学函数说明见表 2-2。需要注意的是，在使用这些数学函数之前，必须添加 "cmath" 或者 "math.h" 头文件。

表 2-2 C++ 常用数学函数

函数名	格式	功能说明	例子
绝对值函数	abs(x)	求一个整数 x 的绝对值	abs(-5)=5
自然数指数函数	exp(x)	求实数 x 的自然指数 e^x	exp(1)=2.718282
向下取整	floor(x)	求不大于实数 x 的最大整数（向下取整）	floor(3.14)=3
向上取整	ceil(x)	求不小于实数 x 的最小整数（向上取整）	ceil(3.14)=4
自然对数函数	log(x)	求实数 x 的自然数对数	log(1)=0
指数函数	pow(x,y)	计算 x 的 y 次幂	pow(2,3)=8
随机函数	rand()	产生 0 到 RAND-MAX 之间的随机整数	
平方根值函数	sqrt(x)	求实数 x 的平方根	sqrt(25)=5

例 3　三角形的面积（triangle，1s，256MB）。

【问题描述】

传说古代的叙拉古国王海伦二世发现的公式，可利用三角形的三条边长来求取三角形的面积。已知△ABC 中的三边长分别为 a,b,c，求△ABC 的面积。

提示：海伦公式为　$s = \sqrt{p(p-a)(p-b)(p-c)}$，其中 $p = (a+b+c)/2$

【输入格式】

输入一行，3 个整数，表示三角形三条边的长度。

【输出格式】

输出一个数，表示三角形的面积。

【输入样例】

7 8 9

【输出样例】

26.8328

【问题分析】

公式中 p 是三角形周长的一半，求出 p 后直接代入海伦公式中求得面积。参考程序如下：

```
//p2-3-3
#include<iostream>
#include<cmath>                      // 调用数学函数库 "cmath"
using namespace std;
int main()
{
        double a,b,c,p,s;
        cin>>a>>b>>c;                // 输入三角形的三条边
        p=(a+b+c)/2;                 // 求出 p 值
        s=sqrt(p*(p-a)*(p-b)*(p-c));          // 根据 p 求出面积，sqrt 是开方函数
        cout<<s;
        return 0;
}
```

2. 实践巩固

线段长度（segment, 1s, 256MB）

【问题描述】

在一个直角坐标系中存在两个点。输入两个点的坐标（整数），输出它们连成的线段长度。

【输入格式】

输入 4 个整数 x1、y1、x2、y2，分别表示两个点的横坐标和纵坐标。

【输出格式】

输出一个数，表示连成的线段的长度。

【输入样例】

39 22 11 5

【输出样例】

32.7567

2.4 数据输入 / 输出

2.4.1 cin 与 cout 语句

1. 知识讲解

cin 是 C++ 中实现输入功能的语句，其格式一般为：

```
cin >> 变量名 1 >> 变量名 2 >> … >> 变量名 n；
```

在使用 cin 语句从键盘输入多个数据项的时候，一定要注意三个一致，即数据个数与要求一致、输入顺序与要求一致、数据类型与要求一致。各数据之间要有分隔符，分隔符可以是一个或多个空格键、回车键等。

cout 语句是 C++ 中实现输出功能的语句，其格式一般为：

```
cout << 项目 1<< 项目 2<< … << 项目 n；
```

如果项目是表达式，则输出表达式的值；如果项目加引号，则输出引号中的内容；如果项目是 endl，则表示换行。

需要注意的是，在使用 cin 语句及 cout 语句时，应在源程序的开头使用如下语句：

```
#include<iostream>
using namespace std;
```

例 1 梯形的面积（trapezoid，1s，256MB）。

【问题描述】

从键盘输入一个梯形的上底、下底和高（整型数据），输出该梯形的面积（保留到小数点后两位）。

【输入格式】

输入一行，3 个整数，表示梯形的上底、下底和高。

【输出格式】

输出一个数，表示梯形的面积。

【输入样例】

5 8 7

【输出样例】

45.50

【问题分析】

根据梯形面积公式"s=（上底＋下底）×高/2"算出梯形面积。需要注意的是，我们之前提到过，C++中的除法运算符"/"有一些特殊之处，即如果"（上底＋下底）×高"和2是两个整数类型的变量，计算结果是两者的商；而如果我们在定义的时候将上底、下底和高都定义为实数，或者将"（上底＋下底）×高"的值再乘以1.0，即通过一定的方式使得"（上底＋下底）×高"的结果以实数的形式存储，那么除以2的值便是正确的结果。

另外，要求结果保留两位小数，而使用cout语句输出数值时默认有效位是6位，即小数点前面和小数点后面加起来的位数为6个。因此我们需要调用"iomanip"库中的"setprecision"函数加以实现。"setprecision"的功能是控制输出流"cout"显示实数（浮点数）的有效数字个数，如果和"fixed"合用的话，可以控制小数点右边的数字个数，其格式一般为：

cout << setprecision(保留小数点后几位)<<fixed<< 变量名 <<endl;

或

cout << fixed<<setprecision(保留小数点后几位)<< 变量名 <<endl;

参考程序如下：

```
//p2-4-1
#include<iostream>
#include<iomanip>                    // 调用输入 / 输出流控制头文件 "iomanip"
using namespace std;
int main()
{
    int a,b,h;
    double s;
    cin>>a>>b>>h;
    s=(a + b)*h*1.0/2;               // "（上底 + 下底）* 高"的结果以实数的形式存储再求面积
    cout<<setprecision(2)<<fixed<<s<<endl;
                                     //setprecision 和 fixed 合用，控制小数点右边的数字个数
    return 0;
}
```

2. 实践巩固

电阻（resistance，1s，256MB）

【问题描述】

小王在物理实验室看到了一个感兴趣的实验设备"电阻"。于是他自学了一些书籍，发现了一个公式：对于阻抗为 r_1 和 r_2 的电阻，其并联电阻阻抗值的计算公式为"r=1/(1/r_1+1/r_2)"。现在，请编程输入两个电阻阻抗的大小（实数），输出并联之后的阻抗值大小（结果保留小数点后2位）。

【输入格式】

输入两个整数 r_1、r_2，分别表示两个电阻的阻抗。

【输出格式】

输出一个数，表示并联之后的阻抗。

【输入样例】

1 2

【输出样例】

0.67

2.4.2 scanf 与 printf 语句

1. 知识讲解

C++ 语言兼容 C 语言中的基本语句语法。scanf 和 printf 是 C 语言中的格式输入 / 输出函数（语句），在 C++ 中也可以使用。需要注意的是，scanf 和 printf 是标准库函数，使用前需要添加 "cstdio" 头文件。其中，scanf 函数用于输入指定形式的数据，其格式一般为：

```
scanf（格式控制字符串，地址列表）;
```

printf 函数用于输出指定形式的数据，其格式一般为：

```
printf（格式控制字符串，输出列表）;
```

其中，格式控制字符串是用双引号括起来的字符串，由 % 和格式符组成，作用是将输入或者输出的数据按指定的格式输入 / 输出，如 %d、%c 等。格式符还可以控制数据的长度以及小数位数等，详见表 2-3，当然，printf 的双引号中也可以是普通字符，表示按照原样输出；地址列表中给出的地址，可以为变量的地址，也可以为字符串的首地址。

例如：

```
int x,y;
scanf("%d %d",&x,&y);
```

可以表示在走迷宫游戏中，先在内存中各开辟 4 个字节空间给 x 和 y，分别表示最开始机器人在迷宫中所在的行与列的位置，当遇到 scanf 语句时，就把键盘上输入的 2 个数依次存入 x 和 y 所在的空间（即地址）中。"&x" 表示取 x 变量的地址，"&" 称为取地址符。简而言之，就是先找地址后放值。

特别要注意，使用 scanf 函数时，如果在格式控制字符串中有其他字符，则运行程序输入数据时，对应的位置也要输入这些相同的字符。

例如：

```
scanf("%d,%d",&a,&b);
```

键盘输入应该是"3,4"，而不能是"3 4"。

表 2-3　scanf、printf 函数的格式符

格式符	说　　明
%d	用于输入或者输出十进制带符号整数
%u	以十进制形式输入或者输出无符号整数
%o（字母）	用于输入或者输出八进制无符号整数
%x	用于输入或者输出十六进制无符号整数
%c	用于输入或者输出单个字符
%s	用于输入或者输出字符串（非空格开始，空格结束，字符串变量以 '\0' 结尾）
%f，%lf	用于输入或者输出单精度以及双精度实数
l（字母）	加在格式字符 d、o、x、f 前，用于输入或者输出长整型数据
%md	指定输入或者输出所占列宽
%m.nf	指定输入或者输出总位数为 m（含小数点），其中有 n 位小数，如果数值长度小于 m，则左补空格

printf 函数的输出列表是需要输出的一组数据（可以为表达式和变量），各参数之间用","分开。要求格式说明和各输出项在数量和类型上要一一对应，否则将会出现意想不到的错误。

例如：

```
long long x=21473648;
double y=3.1415926;
printf("%lld %4.2f",x,y);
```

表示分别输出 long long 类型的 x 的值以及 double 类型的 y 的值（数值长度为 4，四舍五入保留两位小数），格式控制字符串中的"%lld"与"%4.2f"之间有一个空格字符，用于控制输出的两个数据之间用一个空格隔开。

例 2　梯形的面积（trapezoid，1s，256MB）。

【问题描述】

从键盘输入一个梯形的上底、下底和高（整型数据），输出该梯形的面积（保留到小数点后两位）。

【输入格式】

输入 3 个整数，表示梯形的上底、下底和高。

【输出格式】

输出一个数，表示梯形的面积。

【输入样例】

5 8 7

【输出样例】

45.50

【问题分析】

参考程序如下：

```
//p2-4-2
#include<cstdio>              // 调用标准库文件 "cstdio"
using namespace std;
int main()
{
    int a,b,h;
    double s;
    scanf("%d%d%d",&a,&b,&h);
    s=(a + b)*h*1.0/2;        // "（上底 + 下底）* 高"的结果以实数的形式存储再求面积
    printf("%0.2lf\n",s);     // 将 s 的值整数部分原封不动输出，小数部分四舍五保
                              // 留两个小数，最后以双精度的形式输出，"\n"是转义
                              // 字符，表示换行，也可以写为 "%.2lf\n"。
    return 0;
}
```

当然，scanf 和 printf 也有缺点。例如，scanf() 函数读取数据时遇到回车、空格、Tab 等字符就会停止。cin 和 cout 能够自动识别变量的数据类型，因此在进行输入输出时不需要指定数据类型；printf 和 scanf 函数在输入 / 输出时需指定数据类型。此外，cout 会先把要输出的内容存入缓冲区，遇到 "endl" 或者 "return 0" 时再输出并刷新缓冲区，这会导致效率降低。

2. 实践巩固

平均分（average，1s，256MB）

【问题描述】

已知某班有男同学 x 位，女同学 y 位，x 位男生平均分是 87 分，y 位女生的平均分是 85，全体同学的平均分是多少分？

【输入格式】

输入两个整数 x、y，分别表示男同学以及女同学的人数。

【输出格式】

输出一个数，表示全体同学的平均分（结果保留 4 位小数）。

【输入样例】

20 15

【输出样例】

86.1429

2.4.3 文件输入 / 输出

信息学竞赛中的文件操作比较简单，一般只需要同时打开一个输入文件和一个输出文件，所以经常使用一种更加简便的方法：输入 / 输出文件重定向。

在 C++ 中，cin 使用的输入设备是键盘，称之为"标准输入（stdin）"。cout 使用的输出设备是显示器，称之为"标准输出（stdout）"。C++ 可以使用 freopen 函数以只读的形式 r（read）打开输入文件，使用 freopen 函数以写的形式 w（write）打开输出文件，并把 stdin 和 stdout 重新定向到指定的输入 / 输出文件，使标准的输入、输出变成指定文件的输入、输出。具体语句格式为：

```
freopen("输入流文件名","r",stdin);
freopen("输出流文件名","w",stdout);
```

经过重定向后，任何对 stdin、stdout 的操作都变成了对输入流文件、输出流文件的操作。最后只要使用 fclose 关闭输入 / 输出文件即可：

```
fclose(stdin);
fclose(stdout);
```

2.5 顺序结构应用

1. 知识讲解

前面，我们已经学习了标准数据类型、常量及变量、算术运算符与数学表达式、数据的输入 / 输出等，下面我们将通过一些实例，帮助大家在逐步熟悉程序的编写中巩固知识点，为以后各章内容的学习打好基础。

例 1 小 X 与三角形 (triangle，1s，256MB)。

【问题描述】

小 X 很喜欢三角形，原因之一是三角形具有稳定性。也就是说，给定三角形的三条边长，它的形状也随之确定了。现在小 X 想画一个三条边长都是正整数的三角形，其中两条边的长度分别是 a 和 b（数据确保 a 大于等于 b），第三条边的长度还没有确定。小 X 想知道能画出多少种不同的三角形。

【输入格式】

输入数据仅有一行，包含两个用空格隔开的正整数，表示 a 和 b。

【输出格式】

输出仅一行，包含一个正整数，表示其中两条边长分别为 a,b 的三角形的种类数。

【输入样例】

2 3

【输出样例】

3

【样例解释】

第三条边的长度可能为 2、3、4，共 3 种。

【数据范围】

对于 30% 的数据，a=1；

对于另外 30% 的数据，a=b；

对于 100% 的数据，$1 \leqslant a, b \leqslant 10^9$。

【问题分析】

根据三角形任意两边之和大于第三边，任意两边之差小于第三边，我们可以得出第三边的长度介于（a-b）与（a+b）之间，用（a+b）的值减去（a-b）的值，再减掉 1 即是答案。参考程序如下：

```
//p2-5-1
#include<iostream>
using namespace std;
int main()
{
    long long a,b,s=0;
    cin>>a>>b;
    s=(a+b)-(a-b)-1;
    cout<<s;
    return 0;
}
```

例2 分钱游戏（money，1s，256MB）。

【问题描述】

甲、乙、丙三人共有 24 元钱。先由甲分钱给乙、丙两人，所分给的数与各人已有数相同；接着由乙分给甲、丙，分法同前；再由丙分钱给甲、乙，分法亦同前。经上述三次分钱之后，

每个人的钱数恰好一样多。原先各人的钱数分别是多少？

【输出格式】

输出三个整数，表示原先各人的钱数。

【问题分析】

设甲、乙、丙三人的钱数分别为 a、b、c。用倒推（逆序）算法，从最后结果入手，按反相顺序，分步骤推算出每次各人当时的钱数。在每个步骤中，各人钱数分别存在 a、b、c 中，参考程序如下，程序运行结果为"a=13 b=7 c=4"。

```
//p2-5-2
#include<cstdio>
using namespace std;
int main()
{
        int a,b,c;
        a=8; b=8; c=8;
        a=a/2;b=b/2;c=a+b+c;
        a=a/2;c=c/2;b=a+b+c;
        b=b/2;c=c/2;a=a+b+c;
        printf("a=%-5db=%-5dc=%-5d\n",a,b,c);   // 按照 5 位的宽度输出，左对齐
        return 0;
}
```

2. 实践巩固

1）魔方（cube，1s，256MB）

【问题描述】

大家都玩过魔方吧？常见的魔方，每边上有 3 个小正方体。我们把魔方每边上的小正方体数量叫魔方的"阶"，所以，常见的魔方叫"3 阶魔方"。不过，魔方可不是只有 3 阶的，还有 2、4、5…阶的呢，如图 2-1 所示。

图 2-1 魔方

观察所有的魔方，可以把魔方表面上的小正方体分为以下三类。

第一类：有三个面露在外面的；

第二类：有两个面露在外面的；

第三类：有一个面露在外面的。

当然，这三类小正方体的数量会随着魔方阶数的不同而不同。你的任务就是计算一下，对于给定阶数的魔方，这三类小正方体分别有多少个。

【输入格式】

输入一个整数 n，表示魔方的阶数，已知 $2 \leqslant n \leqslant 1000$。

【输出格式】

输出三行，每行一个整数，分别表示 n 阶魔方的第一类、第二类、第三类小正方体的数量。

【输入样例】

3

【输出样例】

8

12

6

2）苹果和虫子（worm，1s，256MB）

【问题描述】

你买了一箱 n 个苹果，很不幸的是，箱子里混进了一条虫子。虫子每 x 小时能吃掉一个苹果，假设虫子在吃完一个苹果之前不会吃另一个，经过 y 小时后，你还有多少个完整的苹果？

【输入格式】

输入仅一行，包括 n、x 和 y 三个数（均为整数）。

【输出格式】

输出仅一行，剩下的苹果个数。

【输入样例】

10 4 9

【输出样例】

7

创客教育系列丛书 初中第三册

第 3 章

选择结构程序设计

    在解决实际问题的过程中，常常需要对事物进行判断和选择，因此，选择结构是结构化程序设计的三种基本结构之一，计算机的逻辑判断能力就是通过选择结构来完成的。C++ 提供了 if、if-else 和 switch 三种基本选择结构。本章我们将学习 C++ 语言中布尔数据类型、关系运算符与表达式、逻辑运算符与表达式，进而学习掌握 if、if-else 及 switch 等选择语句的格式和功能，以及如何使用选择语句设计选择结构程序。

3.1　if 选择语句

3.1.1　布尔数据类型

布尔数据类型"bool"常用作逻辑判断，理论上它只占用一个字节，有两种取值，主要用来表示真值或者假值，分别是 true（非 0）和 false（0）。定义一个布尔类型变量的语法格式如下：

```
bool 变量名;
```

例如：在走迷宫游戏中，"bool z=false;"表示定义了 1 个布尔类型变量 z，用于表示当前机器人能否走出迷宫，初始值为 false。如果最后机器人能够走出迷宫，我们可以给它赋值为 true，即"z=true;"；也可以写成"z=1;"，C++ 编译器会自动将非 0 值转化为 true，0 值转换为 false。

例 1　阅读程序，写出程序运行的结果。

```
//p3-1-1
#include<iostream>
using namespace std;
int main()
{
    bool a=3,b=false;
    int c=b;
    cout<<a<<" "<<b<<" "<<c<<endl;
    return 0;
}
```

【问题分析】

运行程序，输出：

```
1 0 0
```

程序中定义了两个布尔类型变量 a、b 和一个整型变量 c，并进行了赋初值运算，其中 a 的初值为 3，b 的初值为 false，C++ 编译器会自动将非 0 值转化为 true，最终输出的时候，C++ 编译器又会自动将 true 值转化为 1，false 值转化为 0 输出。c 的值等于 b，转化为 int 类型的值，最终输出也是 0。

3.1.2　关系运算符与表达式

前面我们已经学习了算术运算符和数学表达式。在程序设计中，我们还会用到关系运算符和逻辑运算符。其中，关系运算符用于比较数值大小，包括大于 (>)、小于 (<)、等于 (==)、大于等于 (>=)、小于等于 (<=) 和不等于 (!=) 六种。

由关系运算符连接起来的表达式称为关系表达式。关系表达式运算的结果是一个逻辑值，包括"真"或"假"两种类型。在 C++ 中，通常用整型值 0 表示假，1 表示真。

例 2 阅读程序，写出程序运行的结果。

```cpp
//p3-1-2
#include<iostream>
using namespace std;
int main()
{
    int n1=4,n2=5,n3;
    n3=(n1>n2);
    cout<<n3<<",";
    n3=(n1<n2);
    cout<<n3<<",";
    n3=(n1==4);
    cout<<n3<<",";
    n3=(n1==5);
    cout<<n3<<endl;
    return 0;
}
```

【问题分析】

运行程序，输出：

```
0,1,1,0
```

使用关系运算符的时候，需要注意"="与"=="的区别："="表示赋值操作，"=="表示关系运算"等于"，结果为一个逻辑值。其次，整型数据的关系运算按照数值大小进行比较，字符型数据按照 ASCII 码值大小进行比较。但是实型数据在计算机中是近似存储的，有时直接比较大小会出现问题。比如 0.111111 是否等于 0.111112 呢？如果误差在 0.001 范围内，那么结果相等，如果误差在 0.00000001 范围内，则结果不相等。因此，一般用两个数值的差与要求的精度进行比较来判断是否相等，例如：定义两个单精度实数 x 和 y，判断 fabs(x-y)<1e-3。

最后，当一个表达式中包含多种运算符，如既有算术运算符，又有关系运算符时，遵循的计算顺序（运算优先级）为：先算括号里的，再算乘法、除法、模，再算加法、减法，接着算关系运算小于、大于、小于等于、大于等于，然后算关系运算等于、不等于，最后才是赋值运算。同一级别的按照类型从左往右依次计算，计算结果称为表达式的值。

3.1.3 逻辑运算符与表达式

在数学中，经常需要表示一个 0 ~ 100 之间（包含 0 和 100）的整数，可以写成 $0 \leqslant x \leqslant 100$，在 C++ 中，我们需要用到逻辑运算符"&&（逻辑与）"来表示为"(x>=0)&&(x<=100)"。

C++ 语言中提供了三种逻辑运算符：逻辑与 (&&)、逻辑或 (||)、逻辑非 (!)。与运算符 (&&) 和或运算符 (||) 均为双目运算符，非运算符 (!) 为单目运算符。逻辑运算符的优先级低于所有关系运算符，但高于赋值运算符。

多个关系表达式用逻辑运算符连接起来称为逻辑表达式，逻辑表达式的运算结果也是一个逻辑值，为"真"和"假"两种，用 1 和 0 来表示。其求值规则如下。

（1）与运算（&&）中，参与运算的两个量的值或表达式的值都为真时，结果才为真，否则为假。例如，5>0 && 4>2，由于 5>0 为真，4>2 也为真，该逻辑表达式的运算结果为真，即为 1。

（2）或运算（||）中，参与运算的两个量的值或表达式的值只要有一个为真，结果就为真；两个都为假时，结果为假。例如，5>0||5>8，由于 5>0 为真，该逻辑表达式的运算结果为真，即为 1。

（3）非运算（!）中，参与运算的量或表达式的值为真时，结果为假；参与运算的量或表达式的值为假时，结果为真。例如，!(5>0) 的结果为假，即为 0。

例 3 阅读程序，写出程序运行的结果。

```cpp
//p3-1-3
#include<iostream>
using namespace std;
int main()
{
    int a,b,c,d;
    a=2;b=3;c=0;
    d=(a>b)&&(c=4);
    cout<<d<<" "<<c<<endl;
    return 0;
}
```

【问题分析】

运行程序，输出：

0 0

在逻辑表达式的计算过程中，一旦能够确定整个表达式的值，就会立刻停止计算，称为"短路运算"。在上述代码中，因为"a>b"不成立，按照逻辑表达式"短路运算"的原则，可以确定 d 的值为 0，因此不会执行"c=4"这个赋值运算，所以 c 的值还是 0。

创客教育系列丛书 初中第三册

3.1.4　if 语句的格式及其应用

1. 知识讲解

if 选择结构称为单分支选择结构，格式为：

```
if （表达式）
语句；
```

如果表达式的值为真，即条件成立，那么执行语句；否则，语句将被忽略（不被执行），程序将按顺序从整个选择结构之后的下一条语句继续执行。需要注意的是，表达式必须用圆括号括起来。

例 4　救援时刻（help，1s，256MB）。

【问题描述】

华华参加了玉树地震的某次救援行动，救援开始时刻为 hs 时 ms 分，救援过程共用了 h 小时 m 分钟（不超过 7 天的时间）。请计算出完成救援那天的时间（以 24 小时制表示）。

【输入格式】

一行，四个整数 hs、ms、h、m，分别表示救援开始时刻为 hs 时 ms 分，救援过程共用了 h 小时 m 分钟。

【输出格式】

t:mt（表示完成救援那天的时间）

【输入样例】

11 20 36 40（表示 11:20 开始救援，共用了 36 小时 40 分钟）

【输出样例】

0:0

【问题分析】

计算出完成救援那天的分钟数 mt=ms+m，如果条件 mt ≥ 60 成立，即 mt 超过了 60 分钟，由于结果表示要求分钟数满 60 分钟增加 1 小时，所以完成救援那天的小时数 t 要加 1，分钟数则要减去 60；计算出完成救援那天的小时数 t=t+hs+h，如果条件 t ≥ 24 成立，即 t 超过了 24 小时，由于用 24 小时制表示，那么完成救援那天的小时数满 24 小时就要增加一天，小时数要对 24 进行求余运算。参考程序如下：

```
//p3-1-4
#include<iostream>
using namespace std;
```

```
int main()
{
    int hs,ms,h,m,t=0,mt=0;
    cin>>hs>>ms>>h>>m;
    mt=ms+m;
    if(mt>=60)
    {
            t=t+mt/60;
            mt=mt-60;
    }
    t=t+hs+h;
    if(t>=24)
            t=t%24;
    cout<<t<<":"<<mt;
    return 0;
}
```

若条件成立时，要执行的操作由多个句子构成，我们必须把这些句子括在一对花括号 {} 内，我们称这种形式为语句块或复合语句。需要注意的是，书写语句块（复合语句）时要养成良好的程序设计风格，左右花括号要对齐，组成语句块的各语句要相对花括号缩进一层并对齐。

例5　比大小（compare，1s，256MB）。

【问题描述】

输入三个整数，按从大到小的顺序输出。

【输入格式】

输入一行，三个整数。

【输出格式】

输出一行，三个整数，按从大到小的顺序输出。

【输入样例】

1 2 3

【输出样例】

3 2 1

【问题分析】

假设输入的三个数存放在 a、b、c 中，不想让 a 为三数中最大数，怎么办呢？如果 a<b，那么让 a 和 b 的值交换，保证了 a≥b；如果 a<c，那么让 a 和 c 的值交换，保证了 a≥c；设想让 b 为第二大的数，c 为第三大的数，怎么做呢？如果 b<c，那么让 b 和 c 的值交换，保证了

b≥c，最后输出 a,b,c 的值。参考程序如下：

```
//p3-1-5
#include<iostream>
using namespace std;
int main()
{
    int a,b,c,temp;
    cin>>a>>b>>c;
    if (a<b)                 // 保证 a 大于等于 b
    {
        temp=a;a=b;b=temp;
    }
    if (a<c)                 // 保证 a 大于等于 c，则 a 为最大数
    {
        temp=a;a=c;c=temp;
    }
    if (b<c)                 // 保证 b 大于等于 c，则 b 为最二大数
    {
        temp=b;b=c;c=temp;
    }
    cout<<a<<" "<<b<<" "<<c<<endl;
    return 0;
}
```

2. 实践巩固

1. 装饰水果（fruit，1s，256MB）

【问题描述】

为了把蛋糕装饰得更精美，学校又采购了一批水果，有圣女果、猕猴桃、杧果各 N 件。如果装饰一个蛋糕需要 a 件圣女果、b 件猕猴桃、c 件杧果，那么学校购买的水果最多能装饰多少个蛋糕呢？

【输入格式】

第一行，一个整数 N(0<N<50000)，代表学校每种水果购买了 N 件。

第二行，a、b、c(0<a、b、c ≤ 20)，分别代表装饰一个蛋糕需要 a 件圣女果、b 件猕猴桃、c 件杧果。

【输出格式】

输出一行，一个整数，代表最多能装饰的蛋糕数。

【输入样例】

20

9 6 12

【输出样例】

1

2. 函数求值（function，1s，256MB）

【问题描述】

有一个函数：

$$\begin{cases} \text{当 } x<1 \text{ 时，} y=x \\ \text{当 } 1\leqslant x<10 \text{ 时，} y=2x-1 \\ \text{当 } x\geqslant 10 \text{ 时，} y=3x-11 \end{cases}$$

编写一个程序，输入 x，输出 y 值。（y 保留两位小数）

【输入格式】

输入一行，一个实数 x。

【输出格式】

输出一行，表示 y 的值，保留 2 位小数。

【输入样例】

0

【输出样例】

0.00

3.1.5　if-else 语句的格式及其应用

1. 知识讲解

if-else 选择结构称为双分支选择结构，在两个不同分支中选择。格式为：

```
if （表达式）
    语句1；
else
    语句2；
```

如果表达式的值为"真"，即条件成立，则执行语句 1，执行完"语句 1"后继续执行整个 if-else 语句的后继语句；如果表达式的值为"假"，即条件不成立，那么跳过语句 1 选择执行"语句 2"，执行完语句 2 后继续执行整个 if-else 语句的后继语句。

创客教育系列丛书

初中第三册

例 6　妈妈的数字（num，1s，256MB）。

【问题描述】

小敏终于上六年级了，今天她发现妈妈在研究一串数字，这串数字如下：

1、2、1、3、1、4、1、5、1、6、1、7、1、8、1、9、1、10、1、11…

妈妈想知道，这串数字中第 n 个到底是几，她想让小敏帮她的忙。

【输入格式】

输入一行，一个数字 n，表示妈妈想知道这串数字中的第 n 个是几。取值范围：

1 ≤ n ≤ 1000000。

【输出格式】

输出一个数据，即这串数字中第 n 个数字。

【输入样例】

6

【输出样例】

4

【数据范围】

对于 50% 的数据：1 ≤ n ≤ 100000。

对于 100% 的数据：1 ≤ n ≤ 1000000。

【问题分析】

观察这串数字可发现规律：奇数项所对应的值均为 1，偶数项所对应的值为"项数 /2+1"，因此这是一个选择性的问题，根据项数的奇偶性来选择不同的处理方式。用 n 表示项数，如果条件"n%2==1"成立，那么对应的值为 1，否则对应的值为"n/2+1"。参考程序如下：

```cpp
//p3-1-6
#include<cstdio>
using namespace std;
int main()
{
    int n,s;
    scanf("%d",&n);
    if(n%2==1)
        printf("1");
    else
    {
        s=n/2+1;
        printf("%d",s);
```

```
    }
    return 0;
}
```

需要注意的是，书写 if-else 语句时，if 和 else 要对齐，而分支的语句部分要缩进两格。同样地，若分支语句由多个句子构成，我们必须把这些句子括在一对花括号 {} 内。

例 7　闰年的二月 (run，1s，256MB)。

【问题描述】

输入一个年份，判断是闰年还是平年后输出所对应的二月份的天数。（闰年的判定方法是：表示该年的数字能被 4 整除并且不能被 100 整除，或者能被 400 整除的数都是闰年）

【输入格式】

输入一行，一个整数，表示年份。

【输出格式】

输出一行，一个整数，表示该年份对应的二月份的天数。

【输入样例】

24

【输出样例】

29

【问题分析】

我们用 n 表示年份，如果 "(n%4==0)&&(n%100!=0)||(n%400==0)" 为真，则输出 29；否则输出 28。参考程序如下：

```
//p3-1-7
#include<cstdio>
using namespace std;
int main()
{
    int n,s;
    scanf("%d",&n);
    if((n%4==0)&&(n%100!=0)||(n%400==0))
    {
        printf("29");
    }
    else
    {
        printf("28");
    }
```

```
        return 0;
    }
```

2. 实践巩固

1. 蛋糕盒子（box，1s，256MB）

【问题描述】

老师让铭铭把蛋糕装入盒中。现在有 5 种款式的蛋糕盒子，编号为 1 ~ 5。小敏按款式 1、2、3、4、5、1、2、3、4、5…这样的规律排好了 N 个盒子，然后将 N 个蛋糕依次装入盒子。第 N 个蛋糕用了第几种款式的蛋糕盒子吗？

【输入格式】

输入一行，一个整数 N（0<N ≤ 1000000000），代表有 N 个蛋糕。

【输出格式】

输出一个整数，代表第 N 个蛋糕所用蛋糕盒子的款式编号。

【输入样例】

12

【输出样例】

2

2. 三角形面积（area，1s，256MB）

【问题描述】

输入三个正整数，若能用这三个数作为边长组成三角形，就计算并输出该三角形的面积（输出时不需要保留小数），否则输出 "Can't"。（组成三角形的条件为：任意两边之和大于第三边）

【输入格式】

输入三个正整数。

【输出格式】

若能用这三个数作为边长组成三角形，就计算并输出该三角形的面积（输出时不需要保留小数），否则输出 "Can't"。

【输入样例】

3 4 5

【输出样例】

6

3.2 if 语句的嵌套

1. 知识讲解

在分支结构中经常会遇到这样的情况：如果条件 1 成立，就去做 A 事情，否则去做 B 事情，但是，在做 A 事情（或者 B 事情）时，还要根据条件 2 是否成立，决定是做 A1（或者 B1）这件子事情，还是去做 A2（或者 B2）这件子事情。在程序设计中，把这种情况称为分支结构的"嵌套"，一般用来解决三种及以上的分支情况。

嵌套情况可以分为多种类型，例如，之前我们提到的单分支选择结构 if，语句中可以再包含 if-else 语句以形成嵌套，例如：

```
if( 表达式 1)
    if( 表达式 2)
          语句 1;
    else
          语句 2;
```

双分支选择结构 if-else 中，可以分别在 if 分支下的语句或者 else 分支下的语句再嵌套选择语句，例如：

```
if( 表达式 1)
    if( 表达式 2)
          语句 1;
    else
          语句 2;
else
    语句 3;
```

或者：

```
if( 表达式 1)
    语句 1;
else
    if( 表达式 2)
          语句 2;
    else
          语句 3;
```

有时候情况分类很多，根据需要，每条语句还可以再嵌套选择语句，依次类推，形成多层嵌套。因此，一个程序中可能会出现很多的 if 和 else 子句，那么它们该如何匹配呢？请注意，在嵌套时 else 总是与它最近的那个、尚未与其他 else 配对的 if 相匹配。因此，为了增强程序的可读性，请同学们在书写 if-else 语句及其嵌套时，都采用"缩进"对齐格式，同层的 if 子句与 else 子句对齐。

例　直角三角形（judge，1s，256MB）。

【问题描述】

输入三角形的三边，判断它是否是直角三角形。是，则输出"yes"，否则输出"no"；若不能构成三角形，则输出"error"。

【输入格式】

输入一行，三个整数，表示三角形的三边。

【输出格式】

如果是直角三角形，则输出"yes"，否则输出"no"；若不能构成三角形，则输出"error"。

【输入样例】

3 5 4

【输出样例】

yes

【问题分析】

利用勾股定理判断一个三角形是否为直角三角形，即两条直角边的平方和是否等于斜边的平方，而组成三角形的条件为任意两边之和大于第三边。

参考程序如下：

```
//p3-2-1
#include<iostream>
using namespace std;
int main()
{
    int a,b,c;
    cin>>a>>b>>c;
    if(a+b<=c||a+c<=b||b+c<=a)
        cout<<"error";
    else
        {
            if(a*a+b*b==c*c||a*a+c*c==b*b||c*c+b*b==a*a)
                cout<<"yes";
            else
                cout<<"no";
        }
    return 0;
}
```

C++ 的语言表达能力强，表达式类型丰富。其中有一个条件表达式"< 表达式 1> ？ < 表达式 2>:< 表达式 3>"，常用来代替 if-else 语句，通过它可以实现有选择的取值。它的运算规则是：首先计算表达式 1 的值，若表达式 1 的值为真（非 0），则只计算表达式 2，并将其结果作为整个表达式的值；否则，只计算表达式 3，并将其结果作为整个表达式的值。因此，上述程序可以改为：

```cpp
#include<iostream>
using namespace std;
int main()
{
    int a,b,c;
    cin>>a>>b>>c;
    if(a+b<=c||a+c<=b||b+c<=a)
        cout<<"error";
    else
        cout<<((a*a+b*b==c*c||a*a+c*c==b*b||c*c+b*b==a*a)?"yes":"no");
    return 0;
}
```

2. 实践巩固

1）三角形的判断（triangle，1s，256MB）

【问题描述】

输入三角形的三个边 (数据保证构成三角形)，判断它是何类型的三角形（等边输出"DB"，等腰输出"DY"，一般输出"YB"）。

【输入格式】

输入三角形的三个边 (数据保证构成三角形)。

【输出格式】

判断它是何类型的三角形（等边输出"DB"，等腰输出"DY"，一般输出"YB"）。

【输入样例】

3 4 5

【输出样例】

YB

2）乘车费用（cost，1s，256MB）

【问题描述】

星期天上午，小明乘出租车去本市的外婆家。出租车计价方案为：2 公里以内起步价是 6 元，超过 2 公里之后按 1.8 元 / 公里计价，超过 10 公里之后，在总公里数上，再以 0.9 元 / 公里加价，另外，停车等候则按时间计费：1 元 /3 分（注：不满 3 分钟不计费）。已知：小明到外婆家路程为 N 公里，中间停车等候时间总共 M 分钟，请计算小明到外婆家的出租车费用是多少元？（上车后马上下车，不收钱）

【输入格式】

输入两个整数 N 和 M。

【输出格式】

输出一个实数（表示车费，精确到 0.1 元）。

【输入样例】

8 7

【输出样例】

18.8

3.3　switch 选择语句

1. 知识讲解

在一些实际问题中，分类情况特别多，应用 if 选择语句嵌套，虽然可以实现多情况选择，但层数太多会使得程序结构显得复杂，并且容易出错。为此，C++ 提供了一种 switch 选择语句，其一般格式为：

```
switch（表达式）
{
    case 常量表达式 1: 语句块 1; break;
    case 常量表达式 2: 语句块 2; break;
    …
    case 常量表达式 n: 语句块 n; break;
    default: 语句块 n+1;
}
```

switch 选择语句在执行的时候，先计算表达式的值，然后从前往后依次与 case 子句中所列出的各个常量表达式的值进行比较，若表达式的值与常量中的值相等，就开始进入相应的 case 后面的语句块执行，直至遇到 break 语句；break 语句是一条跳转语句，当执行到它时，将结束该 switch 选择语句，程序接着向下执行其他语句。default 表达式与所有常量表达式的值都不匹配，那就执行其后面的语句块，通常将 default 放在最后；如果表达式与各分支常量表达式的值都不匹配时，不需要执行任何语句，则 default 可以省略。

特别要注意的是，case 语句后的各常量表达式的值不能相同；每个 case 或 default 后，可以

包含多条语句，不需要使用"{"和"}"括起来；各 case 和 default 子句的先后顺序可以变动，这不会影响程序执行结果；default 子句可以省略，default 后面的语句末尾可以不必写 break。

例　某年某月的天数（day，1s，256MB）。

【问题描述】

输入 x 和 y，输出 x 年 y 月有多少天。

【输入格式】

输入一行，两个正整数 x 和 y，分别表示年份和月份。x 在 int 范围以内，y 为 1 ~ 12。

【输出格式】

输出一行，一个整数，表示该年该月有多少天。

【输入样例】

2000 3

【输出样例】

31

【问题分析】

每年的 1、3、5、7、8、10、12 这七个月份都是 31 天，使用 switch 选择语句来判断月份，case 子句中的语句块均为 day=31，后接 break 语句结束整个 switch 选择语句；4、6、9、11 这四个月份都是 30 天，case 子句中的语句块均为 day=30，后接 break 语句结束整个 switch 选择语句；如果是闰年，则二月份是 29 天，否则是 28 天，可以在"case 2:"子句中嵌套一个 if 语句来判断是否为闰年并赋值。参考程序如下：

```
//p3-3-1
#include<iostream>
using namespace std;
int main()
{
    int x,y,day;
    cin>>x>>y;
    switch(y)
    {
        case 1: day=31; break;
        case 3: day=31; break;
        case 5: day=31; break;
        case 7: day=31; break;
        case 8: day=31; break;
        case 10: day=31; break;
        case 12: day=31; break;
```

创客教育系列丛书

初中第三册

```
    case 4: day=30; break;
    case 6: day=30; break;
    case 9: day=30; break;
    case 11: day=30; break;
    case 2:
    {
            if((x%400==0)||((x%4==0)&&(x%100!=0)))
                    day=29;
            else
                    day=28;
            break;
    }
    }
    cout<<day<<endl;
    return 0;
}
```

2. 实践巩固

1）晶晶赴约会（date，1s，256MB）

【问题描述】

晶晶的朋友贝贝约她下周一起去看展览，但晶晶每周的 1、3、5 必须上课。请帮晶晶判断她能否接受贝贝的邀请，如果能输出"YES"，如果不能则输出"NO"。注意"YES"和"NO"都是大写字母。

【输入格式】

输入一行，贝贝邀请晶晶去看展览的日期，用数字 1～7 表示星期一～星期日。

【输出格式】

输出一行，如果晶晶可以接受贝贝的邀请，输出"YES"，否则输出"NO"。注意"YES"和"NO"都是大写字母。

【输入样例】

2

【输出样例】

YES

2）买铅笔（pencil，1s，256MB）

【问题描述】

P 老师需要去商店买 n 支铅笔作为小朋友们参加 NOIP 的礼物。商店一共有 3 种包装的铅笔，不同包装内的铅笔数量有可能不同，价格也有可能不同。为了公平起见，P 老师决定只买同一种包装的铅笔。商店不允许将铅笔的包装拆开，因此 P 老师可能需要购买超过 n 支铅笔才能足够给小朋友们发礼物。现在 P 老师想知道，在商店每种铅笔包装的数量都足够的情况下，要买够至少 n 支铅笔最少需要花费多少钱。

【输入格式】

输入的第一行包含一个正整数 n，表示需要的铅笔数量。接下来三行，每行用两个正整数描述一种包装的铅笔：其中第一个整数表示这种包装内铅笔的数量，第二个整数表示这种包装的价格。

保证所有的 7 个数都是不超过 10000 的正整数。

【输出格式】

输出一行，一个整数，表示 P 老师最少需要花费的钱。

【输入样例 1】

57

2 2

50 30

30 27

【输出样例 1】

54

【输入样例 2】

9998

128 233

128 2333

128 666

【输出样例 2】

18407

【数据范围】

如果你在解决题目中遇到了困难，可以尝试只解决一部分测试数据。每个测试点的数据规模及特点如图 3-1 所示，图中"整倍数"的意义为：若为对钩，表示对应数据所需要的铅笔数量 n 一定是每种包装铅笔数量的整倍数（这意味着一定可以不用多买铅笔）。

测试点	整倍数	其他特点
1,2,3,4	√	三种包装内的铅笔数量都是相同的
5,6,7,8	×	
9,10,11,12	√	后两种包装的铅笔数量是相同的
13,14,15,16	×	
17,18	√	没有特殊性质
19,20	×	

图 3-1　买铅笔题目数据范围

第 4 章
循环结构程序设计

在设计程序解决问题的过程中，常常需要重复执行某一条语句或一个语句块，这种程序设计结构称为"循环结构"。循环结构在程序设计中应用非常广泛，C++提供了三种基本的循环结构，包括 for 循环结构、while 循环结构和 do-while 循环结构。本章将介绍 for 语句、while 语句、do-while 语句的格式与功能，进而运用循环语句实现循环结构程序设计，以解决一些实际问题。

4.1 for 循环语句

1. 知识讲解

如果想在屏幕上依次输出 10 以内的所有偶数，我们可以使用顺序结构设计程序：

```
//p4-1-1
#include<iostream>
using namespace std;
int main()
{
    cout<<2<<endl;
    cout<<4<<endl;
    cout<<6<<endl;
    cout<<8<<endl;
    cout<<10<<endl;
    return 0;
}
```

但是，如果要依次输出 1000 甚至 10000 以内的所有偶数，那么使用上面的方式所需要的工作量特别大。对于这类需要重复执行操作并且循环次数固定、已知的问题，一般可以使用 for 语句循环结构加以实现。for 语句的格式如下：

for（控制变量初始化表达式； 控制变量条件表达式； 控制变量增量表达式）

```
{
    循环体
}
```

若循环体由多个语句构成，应由一对花括号括起来，构成一个语句块。建议写 for 循环语句时，循环体的语句相对于 for 缩进两格。

for 语句的执行过程如下。

（1）执行"控制变量初始化表达式"，使控制变量获得一个初值，例如，要依次输出 1000 以内的所有偶数，则需要从最小偶数 2 开始输出，如果用变量 i 表示需要输出的偶数，则控制变量初始化表达式可以表示为"i=2"。当然，控制变量初始化表达式有时也可以省略，即不在 for 语句中设置初值，而在 for 语句之前赋初值，但 for 语句中，控制变量初始化表达式后面的分号还是不能省略。

（2）执行"控制变量条件表达式"，判断控制变量是否满足条件表达式，若满足条件，则执行一遍循环体，否则结束整个 for 语句，继续执行 for 循环下面的句子。因此，上述问题中的控制变量条件表达式可以表示为"i<=1000"，因为需要输出的最大的偶数为 1000。当然，控制

变量条件表达式也可以省略，即不判断，此时循环会一直进行下去。

（3）执行"控制变量增量表达式"，根据增量表达式，计算出控制变量所得到的新值。因此，我们可以利用相邻偶数之间的差值为2，将上述问题中的增量表达式表示为"i=i+2"，即从最小偶数2开始，进行增量为2的for循环。同样，控制变量增量表达式也可以省略，但此时程序中应另外设法保证循环能正常结束。

（4）自动转到第（2）步。

因此，利用for语句设计循环结构解决以上问题的参考程序如下：

```
//p4-1-2
#include<iostream>
using namespace std;
int main()
{
    int i;
    for(i=2;i<=1000;i=i+2)  //i为输出偶数控制变量，初值2，终值1000，增量为2
        cout<<i<<" ";
    return 0;
}
```

其中，变量i在整个main函数中都有效，当然，我们也可以在"控制变量初始化表达式"中声明变量，例如"for(int i=2;i<=1000;i=i+2)"，但是此时的变量i只在for循环结构中有效，离开了该for结构，变量就无效了。

再者，在for循环结构中，我们也可以通过穷举的方式，重复对 $1 \sim 1000$ 之间的1000个数字i进行是否为偶数的判断，如果i是偶数，则输出i的值。穷举法保证在求解的过程中，所有可能解都会判断到，不会丢解，但有时候效率不高。

此外，如果要求从大到小依次输出1000以内的所有偶数，则for语句可以修改为"for(i=1000;i>=2;i=i-2)"，即从最大偶数i=1000开始，判断i是否大于等于2，如果是，则输出i，增量为-2，即每次减2，进而继续执行控制变量条件表达式，判断是否继续执行for结构。

例1　累加与累乘（calculate，1s，256MB）。

【问题描述】

给出一个正整数n（ $n \le 10$ ），利用for循环，计算输出 $1+2+\cdots+n$ 的和以及 $1 \times 2 \times 3 \times \cdots \times n$ 的乘积（即n!）。

【输入格式】

输入一行，一个正整数n。

【输出格式】

输出一行，两个整数，第一个表示 $1+2+\cdots+n$ 的和，中间用空格隔开，第二个表示 $1 \times 2 \times 3 \times \cdots \times n$ 的乘积。

【输入样例】

3

【输出样例】

6 6

【问题分析】

设 sum 存放累加的结果，jc 存放累乘的结果，它们都是在函数中定义的变量，属于局部变量。如果不专门声明为 static 存储类型，系统会动态地为局部变量分配存储空间的，如果不赋初值，那么这个存储空间中原有的值就是这个变量的初值。这个值是不确定的，系统并不会默认它为 0，即局部变量不初始化，它的值不确定。因此，这里的 sum 需要初始化为 0，jc 需要初始化为 1。输入 n，设 i 为循环控制变量，初始化为 1，当循环条件 "i<=n" 成立时，反复执行以下循环体。

（1）将 i 累加到 sum 中，将 i 累乘到 jc 中；

（2）将 i 取值为下一个数，即 i++。

最后，输出 sum 和 jc 的值。

```
//p4-1-3
#include<iostream>
using namespace std;
int main ()
{
    int n,sum=0,jc=1;
    cin>>n;
    for(int i=1;i<=n;++i)
    {
        sum=sum+i;
        jc=jc*i;
    }
    cout<<sum<<" "<<jc;
    return 0;
}
```

需要注意的是，以上在做 n 的累乘时，当 n ≥ 13 时，累乘的结果会超过 int 数据类型所能够表示的最大范围，这时我们可以使用比 int 类型更大的数据类型 long long，它的表示范围为我们之前提到过的 -2^{63} ~ $2^{63}-1$；但是这里的 n 不能定义为 long long 类型，否则 for 循环会成为死循环。如果程序中使用 scanf 语句、printf 语句输入输出 long long 类型的数据，在 Linux 系统中需要使用的是 "%lld"，而在 Windows 系统中则需要使用 "%I64d"，当然，高版本编译器下的 Windows 系统也可以使用 "%lld"。

例 2 最小的球（ball，1s，256MB）。

【问题描述】

小花是一只非常热爱乒乓球的猫。近日，它混进了中国乒乓球队封闭训练的场地（为了备战世乒赛，中国男队在深圳，女队在湖北黄石，分别进行封闭训练），偷偷地玩乒乓球。小花发现，这些球的大小并不是完全相同的，而是大小略有差异，在玩了很久之后，它觉得还是最小的球最好玩。现在小花想找到一堆已知直径的乒乓球中最小的那只球。

【输入格式】

输入数据有两行，第一行是一个正整数 n，表示乒乓球的数量。第二行是有 n 个整数，表示每个球的直径 d，数与数之间用一个空格隔开。

【输出格式】

输出只有一行，一个整数，表示最小的球的直径。

【输入样例】

5

4003 4002 4001 4004 4005

【输出样例】

4001

【数据范围】

对于 100% 的数据，都有 $1 \leqslant n \leqslant 100$，$4000 \leqslant d < 4100$。

【问题分析】

用 min 存放最小的球的直径，由于所有的球直径都在 4000～4100 范围内，因此可以初始化为比 4100 大的任何数，例如 5000。输入乒乓球数量 n，设 i 为循环控制变量，初始化为 1，当循环条件"$i \leqslant n$"成立时，反复执行以下循环体。

（1）输入一个 4000～4100 范围的整数，表示乒乓球的直径。

（2）判断直径是否小于 min，如果条件成立，则 min 存放这个乒乓球的直径值。

（3）将 i 加 1，表示即将读取下一个乒乓球的直径。

最后，输出 min 的值。参考程序如下：

```
//p4-1-4
#include<iostream>
using namespace std;
int main()
{
    int n,a,min=5000;
    cin>>n;
```

```
    for(int i=1;i<=n;i++)
    {
        cin>>a;
        if(a<min)
            min=a;
    }
    cout<<min;
}
```

例 3　斐波那契数列（fibonacci，1s，256MB）。

【问题描述】

斐波那契数列是指这样的数列：第一个数和第二个数都为 1，接下来每个数都等于前面两个数之和。编程输入一个正整数 k，输出斐波那契数列第 k 个数。

【输入格式】

输入一行，一个正整数 k，$1 \leqslant k \leqslant 46$。

【输出格式】

输出一行，一个正整数，表示斐波那契数列第 k 个数的大小。

【输入样例】

19

【输出样例】

4181

【问题分析】

已知第一个数和第二个数都为 1，接下来每个数都等于前面两个数之和。最开始时用 k_1 表示第一项的值，初值为 1；用 k_2 表示第二项的值，初值为 1。输入 k，设 i 为循环控制变量，初始化为 3，表示从第三个数开始，当循环条件"$i \leqslant k$"成立时，反复执行以下循环体。

（1）用前两个数 k_1 和 k_2 求出当前数的值，即 $k_3=k_1+k_2$；利用迭代的方式，按顺序将 k_2 的值赋给 k_1，k_3 的值赋给 k_2。如果最开始 k_1 表示第一个数的值，k_2 表示第二个数的值，则经过一次操作后，k_1 表示的是第二个数的值，k_2 表示第三个数的值，$k_3=k_1+k_2$ 则表示第四个数的值，反复执行，一直到第 k 个数。

（2）将 i 加 1，表示即将计算下一个数的值。

最后，输出 k_3 的值。参考程序如下：

```
//p4-1-5
#include<iostream>
using namespace std;
int main()
```

```
    {
        int k;
        cin>>k;
        int k1=1,k2=1,k3=1;   //k 可能等于 1 或者 2，因此将 k3 初始化为 1，方便输出
        for(int i=3;i<=k;i++)
        {
            k3=k1+k2;
            k1=k2;
            k2=k3;
        }
        cout<<k3<<endl;
        return 0;
    }
```

2. 实践巩固

1）火柴盒（match，1s，256MB）

【问题描述】

火柴盒长为 L，宽为 W(1 ≤ L,W ≤ 100)，高度有一层楼这么高。给你 N（1 ≤ N ≤ 50）根火柴，每一根火柴也有一层楼那么高。已知每一根火柴的长度，有多少根火柴可以放进该火柴盒？

【输入格式】

第一行，输入 N、L 和 W。

接下来 N 行，每行输入一个 1～1000 范围内的一个整数，表示火柴的长度。

【输出格式】

输出能够装进火柴盒的火柴的数量。

【输入样例】

2 12 17

21

20

【输出样例】

1

2）奖牌计数（medal，1s，256MB）

【问题描述】

某年奥运会，A 国的运动员参与了 n 天的决赛项目 (1 ≤ n ≤ 17)。现在要统计一下 A 国所获得的金、银、铜牌数目及总奖牌数。

【输入格式】

第一行是A国参与决赛项目的天数n。其后n行，每一行是该国某一天获得的金、银、铜牌数目。

【输出格式】

输出4个整数，用空格隔开，为A国所获得的金、银、铜牌总数及总奖牌数。

【输入样例】

3

1 0 3

3 1 0

0 3 0

【输出样例】

4 4 3 11

3）奇数求和（oddsum，1s，256MB）

【问题描述】

计算非负整数 m～n（包括 m 和 n）之间的所有奇数的和，其中，m 不大于 n，且 n 不大于 300。例如 m=3，n=12，其和则为：3+5+7+9+11=35。

【输入格式】

输入两个数 m 和 n，两个数以一个空格分开，其中 0≤m≤n≤300。

【输出格式】

输出一行，包含一个整数，表示 m～n（包括 m 和 n）之间的所有奇数的和。

【输入样例】

7 15

【输出样例】

55

4）计数（jishu，1s，256MB）

【问题描述】

给出一个正整数 N（N≤9999），求 1，2，3，…，N 这一数列各个数位上的数字之和。例如：N=12 时，这 12 个数是：1、2、3、4、5、6、7、8、9、10、11、12。则这 12 个数的数字之和为：S=1+2+3+4+5+6+7+8+9+1+0+1+1+1+2=51。当 N=30 时，S=168。

【输入格式】

输入一行，一个正整数 N。

【输出格式】

输出一行，一个整数 S，表示 1～N 所有整数的各个位数之和。

【输入样例】

30

【输出样例】

168

4.2　while 循环语句

1. 知识讲解

while 语句的格式如下：

```
while (表达式)
{
    循环体
}
```

while 语句又称为"当型循环"，当表达式成立时，不断重复执行循环体，执行过程如下。

（1）计算表达式的值，当表达式的值为真，执行一次循环体，否则结束整个 while 语句的执行；

（2）执行完一次循环体后，自动转回第（1）步，继续判断循环条件是否成立。

例 1　可乐瓶子（kele，1s，256MB）。

【问题描述】

便利店给出以下的优惠："每 3 个空瓶可以换 1 瓶可口可乐。"现在，你准备从便利店买一些可口可乐（n 瓶），你最多可以从便利店拿到多少瓶可口可乐。下面给出 n=8 的情况。方法是：喝完 8 瓶可乐之后，有 8 个空瓶；用 6 个空瓶去换，得到了 2 瓶新的可口可乐；喝完后有 4 个空瓶子，因此用 3 个空瓶又换了一瓶新的可乐。最后，手里有 2 个空瓶，所以不能再去换到新的可乐了。因此，一共获得 8+2+1 =11 瓶可乐。

【输入格式】

输入一个整数，这个整数不超过 30000，表示最开始购买的可乐的瓶数。

【输出格式】

输出一个整数，表示可以喝到的最多可乐的瓶数，不可以向别人借空瓶子。

【输入样例】

8

【输出样例】

11

【问题分析】

设 ans 表示能最多喝到的可乐瓶数，输入 n；ans 的初值赋为 n，表示能够喝到的可乐瓶数至少为 n，剩余 n 个空瓶，之后用 n 存放空瓶数量。由于每 3 个空瓶可以换 1 瓶可口可乐，因此只要循环条件"n ≥ 3"成立时，反复执行以下循环体。

（1）将 n 除以 3，表示能够换到多少瓶新可乐，并累加到 ans 中；

（2）计算新的空瓶数量，为前一次拿去换可乐后剩下的空瓶数 n%3，加上新换来的可乐喝完后的空瓶数 n/3，计算结果继续存放到 n 中。

最后，输出 ans 的值。参考程序如下：

```
//p4-2-1
#include<iostream>
using namespace std;
int main()
{
    int n,ans;
    cin>>n;
    ans=n;
    while(n>=3)
    {
        ans=ans+n/3;
        n=n%3+n/3;
    }
    cout<<ans;
    return 0;
}
```

需要注意的是，不要忽略给 ans 赋初值，否则它的值是不可预测的，导致结果不正确。同时，在循环体中应有使循环趋向于结束的语句。如本例中的"n=n%3+n/3;"语句，如果无此语句，则 n 的值始终不改变，循环永远不结束。仔细观察可发现，while 语句与 for 语句一样，包括"控制变量初始化表达式"（使控制变量获得一个初值）、"控制变量条件表达式"（判断控制变量是否满足条件表达式）、"控制变量增量表达式"（保证循环能正常结束），可用于解决需要重复执行操作并且循环次数固定或者不固定的问题。

例 2　最大公约数和最小公倍数（gcdlcm，1s，256MB）。

【问题描述】

输入两个正整数 m、n，求出它们的最大公约数和最小公倍数。

【输入格式】

输入一行，两个正整数 (0<n<m<10000)。

【输出格式】

输出一行，两个整数，中间用一个空格隔开。

【输入样例】

4 6

【输出样例】

2 12

【问题分析】

方法1：首先，求任意两个自然数 m 和 n 的最大公约数，最大的可能就是两个数中的较小者 min，最小的可能为 1。因此，我们可以通过循环判断的方式找到这个最大公约数，即让最大公约数 gcd 从 min 开始，只要循环条件"gcd 大于 1 并且不能够同时整除 m 和 n"成立时，则让"gcd-1"。而最小公倍数则等于 m 和 n 原值的乘积除以最大公约数的商。参考程序如下：

```
//p4-2-2
#include<iostream>
using namespace std;
int main()
{
    int m,n,gcd;
    long long s;
    cin>>m>>n;
    s=m*n;                    // 保存两个数的乘积
    gcd=m>n?n:m;             // 用条件表达式的方式求两数中的最小值并赋值给 gcd
    while (gcd>1&&(m%gcd!=0||n%gcd!=0))
        gcd--;
    cout<<gcd<<" "<<s/gcd<<endl;
    return 0;
}
```

方法2：求任意两个自然数 m 和 n 的最大公约数可以采用辗转相除法即欧几里得算法。对于任意两个自然数 m 和 n，用 m、n、r 分别表示被除数、除数、余数，那么 m 和 n 的最大公约数等于 n 和 r 的最大公约数。因此只要循环条件"r!=0"成立，则反复执行以下循环体（辗转相除法算法）：将 n 的值赋给 m，将 r 的值赋给 n；再求 m 除以 n 的余数 r。若"r==0"，则 n 为最大公约数，算法结束。参考程序如下：

```
//p4-2-3
#include<iostream>
using namespace std;
```

```
int main()
{
    int m,n,r;
    long long s;
    cin>>m>>n;
    s=m*n;        // 后面 m 与 n 的值可能会被改变，因此需要提前保存两个数的乘积
    r=m%n;
    while(r!=0)  // 也可以写为 while(r)
    {
        m=n;
        n=r;
        r=m%n;
    }
    cout<<n<<" "<<s/n<<endl;
    return 0;
}
```

2. 实践巩固

1）报数游戏（game，1s，256MB）

【问题描述】

小明和小红一起玩报数游戏：小明按 1～A1 循环报数，小红按 1～A2 循环报数。两人同时开始，并以同样的速度报数，当两人都报了 n 个数时，统计出两人同时报相同数的次数，先算对者获胜。请你算出正确答案。

【输入格式】

输入两行，第一行表示报了 n 个数 (n ≤ 100)。

第二行有两个数据，第一个表示小明从 1 报到 A1 后重新开始，第二个表示小红从 1 报到 A2 后重新开始。

【输出格式】

输出一行，一个整数，表示两人同时报了相同数的次数。

【输入样例】

10

2 3

【输出样例】

4

2）角谷猜想（guess，1s，256MB）

【问题描述】

数论中有许多猜想尚未解决，其中有一个被称为"角谷猜想"的问题，该问题在 20 世纪五六十年代的美国多个著名高校中曾风行一时。这个问题是这样描述的：任何一个大于 1 的自然数，如果是奇数，则乘以 3 再加 1；如果是偶数，则除以 2；得出的结果继续按照前面的规则进行运算，最后必定得到 1。现在请你编写一个程序验证它的正确性。

【输入格式】

输入一个正整数 N(0 ≤ N ≤ 1000000000)。

【输出格式】

输出验证"角谷猜想"过程中的奇数，最后得到的 1 不用输出；每行中只有两个输出之间才能有一个空格；如果没有这样的输出，则输出 "No number can be output!"。

【输入样例】

18

【输出样例】

9 7 11 17 13 5

4.3 do-while 循环语句

1. 知识讲解

do-while 语句又称为"直到型循环"，是 C++ 中用于解决至少执行一次循环体的循环语句，格式如下：

```
do
{
   循环体
}while（表达式）;
```

执行过程如下。

（1）先执行一次循环体；

（2）计算表达式的值，当表达式的值为真，则继续执行循环体，直到表达式不成立，才退出循环。

例 统计正整数（positive，1s，256MB）。

【问题描述】

输入若干整数，以 0 结尾，统计其中有多少个正整数。

【输入格式】

输入一行，若干整数，最后一个为 0。

【输出格式】

输出一行，一个整数，表示输入的数据中正整数的个数。

【输入样例】

3 6 -3 2 0

【输出样例】

3

【问题分析】

设 s 为存放正整数个数，初始化为 0。输入 x，如果 x 大于 0，则 s=s+1，当循环条件"x!=0"成立时，继续循环体，直到遇到最后一个数据 0。参考程序如下：

```
//p4-3-1
#include<iostream>
using namespace std;
int main()
{
    int x,s=0;
    do
    {
        cin>>x;
        if(x>0) s++;
    }while(x!=0);
    cout<<s<<endl;
    return 0;
}
```

2. 实践巩固

1）小虫（chong，1s，256MB）

【问题描述】

一光滑墙壁高 X 尺，有一个小虫从墙底部向上爬，每分钟爬 Y 尺。但每爬一分钟后都要休息一分钟，在休息期间又下滑一尺。编程：输入 X 和 Y，计算该小虫最少几分钟可爬到顶端。

【输入格式】

输入墙壁高 X 尺，每分钟爬 Y 尺。

【输出格式】

输出一个整数，表示最少时间。

【输入样例】

4 2

【输出样例】

5

2）数字反转（reverse，1s，256MB）

【问题描述】

给定一个整数，请将该数各个位上数字反转得到一个新数。新数也应满足整数的常见形式，即除非给定的原数为零，否则反转后得到的新数的最高位数字不应为零。

【输入格式】

输入共一行，一个整数 N（-1000000000 ≤ N ≤ 1000000000）。

【输出格式】

输出共一行，一个整数，表示反转后的新数。

【输入样例】

-380

【输出样例】

-83

4.4 循环嵌套

4.4.1 循环嵌套的应用

1. 知识讲解

类似于选择语句中再嵌套选择语句以形成多层嵌套，循环体内也可以包含另一个完整的循环结构，不管是 for 循环，还是 while 循环、do-while 循环，这称为循环嵌套；内嵌的循环中还可以嵌套循环，这就是多重循环。

例1　三角形（triangle，1s，256MB）。

【问题描述】

输入一根木棒的长度，将该木棒分成三段，每段的长度为正整数；输出由这三段小木棒组

成的不一样的三角形个数。如果输入10，则输出2，能组成的三角形边长分别为2、4、4和3、3、4。

【输入格式】

输入一个数 n(n ≤ 25000)。

【输出格式】

输出不一样的三角形个数。

【输入样例】

10

【输出样例】

2

【问题分析】

方法1：在数学中解决这个问题，通常会列出一个方程组，分别设三边长为a、b、c，则a+b+c=n，如果木棒长度为10，则3、3、4方案与4、3、3方案是一样的，因此为了避免重复，三边需满足条件 a ≤ b ≤ c，且满足任意两边之和大于第三边。根据这个思路，我们可以采用穷举法解决这个问题。"穷举"是根据问题的约束条件，将解的所有可能情况一一列出，然后逐个验证是否符合问题的要求，从而得到问题的可行解或者最优解。本题中，我们可以列举a、b、c的所有可能解，然后判断这些可能解是否能满足所有条件，能够满足条件则是解。参考程序如下：

```
//p4-4-1
#include<iostream>
using namespace std;
int main()
{
  int n,a,b,c,total=0;
    cin>>n;
    for(int a=1;a<=n-2;a++)   //a 最小为 1，最大为 n-2
        for(int b=a;b<=n-2;b++)   //b 最小等于 a，最大为 n-2
            for(int c=b;c<=n-2;c++)   //c 最小等于 b，最大为 n-2
                if(a+b+c==10 && a+b>c) total++;  // 如果最小两边 a、b 的和大于最长边 c，
                                          // 则满足任何两边之和大于第三边
    cout<<total<<endl;
}
```

方法2：穷举的设计以及实现都相对简单，但时间复杂度等往往比较大。这里用了一个三重循环的程序来解决问题，在程序的执行过程中，最内层循环体的 if 语句，将大约被执行 $(n-2)^3$ 次。因此，在穷举解决问题时应结合约束条件以及数学推导，尽量减少穷举的范围以及次数，以提高循环效率。由于题目的特殊性，三边之和为 n，一旦确定 a 边和 b 边的长度，则 c 边的长度 c=n-a-b。这样，我们可以写出一个两重循环的程序来解决这个问题，参考程序如下：

```
//p4-4-2
#include<iostream>
using namespace std;
int main()
{
  int n,total=0;
    cin>>n;
    for(int a=1;a<=n-2;a++)
        for(int b=a;b<=n-2;b++)
        {
            int c=n-a-b;   // 根据a、b边计算c边的长度
            if(c>=b&&(a+b>c)) total++;   //a<=b<=c
        }
    cout<<total<<endl;
}
```

在程序的执行过程中，最内层循环体的 if 语句，将大约执行 $(n-2)^2$ 次，效率要比方法 1 高，且 n 越大，效率区别越明显。

例2 求素数（prime，1s，256MB）。

【问题描述】

求 1～n 之间的所有素数。

【输入格式】

输入一个整数 n（n ≤ 5000）。

【输出格式】

输出 1～n 之间的所有素数，每行 5 个素数，两数之间一个空格。

【输入样例】

20

【输出样例】

2 3 5 7 11

13 17 19

【问题分析】

穷举判断 1～n 之间的每一个整数 i，若是素数则输出，同时使用一个变量 s 统计每一行已经放了多少个素数，如果数量已经达到 5 个，或满足条件"s%5==0"则需要换行；而对于任意整数 i，根据素数（质数）定义，是指在大于 1 的自然数中，除了 1 和它本身以外不再有其他因数（约数）的自然数，我们从 2 开始，一直穷举到不大于 sqrt(i) 的最大整数，找 i 的因数。若能找到一个因数，则 i 必然不是素数。参考程序如下：

```
//p4-4-3
#include<cstdio>
#include<cmath>
using namespace std;
int main()
{
    int n,j,s=0;
    scanf("%d",&n);
    for(int i=2;i<=n;i++)    //1 不是素数
    {
        j=2;
        while(j<=floor(sqrt(i))&&i%j!=0)    //floor 为向下取整函数，需调用 cmath 库
            j++;    // 在穷举的范围内，当前数并不是因数，则继续判断下一个数
        if(j>floor(sqrt(i)))    // 从 2 开始一直穷举到不大于 sqrt(i) 的最大整数，找不到
                                // 一个能够整除 i 的因数
        {
            printf("%d",i);
            s++;
            if(s%5==0)   printf("\n");
        }
    }
    return 0;
}
```

2. 实践巩固

1）金子数（gold，1s，256MB）

【问题描述】

　　某地区有 n 条（编号依次为 1～n）互不交叉的道路，每条道路上都有 m 个数字，其中能被 8 整除的数称为金子数，这个数字表示其重量。如图 4-1 所示是 3 条道路的列表，每条道路中有 5 个数的一种可能情况。小华想在 n 条道路中走一条金子重量之和最大的道路，请编程帮他找出这条道路吧。

道路编号	道路上的数字情况	金子数及其重量之和
第 1 条道路	13　24　17　8　23	有 2 个金子数，分别为 24 和 8，金子重量之和为 24+8=32
第 2 条道路	1　2　3　4　5	没有金子数，金子重量之和为 0
第 3 条道路	16　2　16　4　8	有 3 个金子数，分别为 16、16、8，金子重量之和为 16+16+8=40

图 4-1　金子数

【输入格式】

输入共 n+1 行。第一行有两个整数 n 和 m，表示总共有 n 条道路，每条道路上有 m 个数。接下来的 n 行，每行 m 个正整数。

【输出格式】

输出共一行。一个整数，表示金子重量之和最大的道路编号。

【输入样例】

3 5

13 24 17 8 23

1 2 3 4 5

16 2 16 4 8

【输出样例】

3

【数据范围】

30% 的测试点输入数据保证 $1 \leq n \leq 10$，$1 \leq m \leq 100$，路上的每个数都不超过 100。

100% 的测试点输入数据保证 $1 \leq n \leq 100$，$1 \leq m \leq 10000$，路上的每个数都不超过 100000。

所有的测试点输入数据保证金子重量之和最大的道路只有一条，且肯定存在。

2）接力（digit，1s，256MB）

【问题描述】

小新正在陪小华玩一个数字游戏。他们从一个整数开始，比如 6593，将这个整数中的各位数字全部取出，将它们相乘，得到一个新的整数，上面的例子就是 $6 \times 5 \times 9 \times 3 = 810$；然后继续做下去，$8 \times 1 \times 0 = 0$ 得到了一个个位数 0。但是现在小新还有很多作业没有写，不能陪小华玩了，于是他希望能写出一个程序，帮助他完成这个游戏，读入一个数并计算出游戏得到一个个位数的过程。

【输入格式】

输入一个整数 N($10 \leq n \leq 2000000000$)。提示：由于整数比较大，int 类型可能不能够满足需求，此时可以使用 long long 类型定义相关的变量。

【输出格式】

输出一行，按顺序输出游戏过程中产生的每一个数，直到一个个位数结束，相邻两个数之间用空格隔开。

【输入样例】

98886

【输出样例】

98886 27648 2688 768 336 54 20 0

3. 沙漏（sandglass，1s，256MB）

【问题描述】

陈老师最近在制作一个操作系统，正好编到鼠标的繁忙状态，需要一个沙漏符号。你的任务就是帮陈老师编一个程序，打印一个沙漏符号。

【输入格式】

输入一个整数 n，表示符号的行数（保证 n 是大于 1 的奇数）。

【输出格式】

输出沙漏符号，使用"*"打印。

【输入样例】

5

【输出样例】

```
*****
 ***
  *
 ***
*****
```

4. 骑士的金币（knight，1s，256MB）

【问题描述】

国王将金币作为工资，发放给忠诚的骑士小明。第一天，小明收到一枚金币；之后两天（第二天和第三天）里，每天收到两枚金币；之后三天（第四、五、六天）里，每天收到三枚金币；之后四天（第七、八、九、十天）里，每天收到四枚金币……这种工资发放模式会一直这样延续下去：当连续 N 天每天收到 N 枚金币后，小明会在之后的连续 N+1 天里，每天收到 N+1 枚金币（N 为任意正整数）。你需要编写一个程序，确定从第一天开始的给定天数内，小明一共获得的金币数。

【输入格式】

输入一个整数（范围 1 ～ 10000），表示天数。

【输出格式】

输出一个整数，骑士获得的金币数。

【输入样例】

6

【输出样例】

14

4.4.2 break 和 continue 语句及其应用

1. 知识讲解

在循环结构中，有时需要提前跳出循环体，或者忽略本次循环的后续语句而去执行下一次循环。为此，C++ 提供了 break 语句和 continue 语句：在循环体中遇到 break 语句，就会立刻跳出循环体，执行循环结构后面的语句；在循环体中遇到 continue 语句，就会忽略本次循环的后续语句而去执行下一次循环。

例 素数的统计（su，1s，256MB）。

【问题描述】

输入两个正整数 m 和 n，判断 m ～ n 之间（含 m 和 n）一共有多少个素数。

【输入格式】

输入一行，两个正整数 m 和 n，$2 \leqslant m \leqslant n \leqslant 10000$。

【输出格式】

输出一行，一个整数，表示素数的个数。

【输入样例】

2 10

【输出样例】

4

【问题分析】

对于任意整数 i，用控制变量 j 从 2 开始，一直穷举到不大于 sqrt(i) 的最大整数，判断是否能够整除 i。如果能够在范围内找到 i 的因数，则证明 i 不是素数，也不需要再继续穷举 j 判断 i 是不是素数了，因此可以用 break 语句跳出内层中剩下的循环；而如果在穷举的范围内，当前数并不是因数，则继续判断下一个数。内层循环结束后，如果"j>floor(sqrt(i))"条件成立，则证明从 2 开始一直穷举到不大于 sqrt(i) 的最大整数，找不到一个能够整除 i 的因数，因此 i 是一个素数，素数个数 ans 加 1。参考程序如下：

```
//p4-4-6
#include<iostream>
```

```
#include<cmath>
using namespace std;
int main()
{
    int m,n,i,j,ans=0;
    cin>>m>>n;
    for(i=m;i<=n;i++)
    {
        for(j=2;j<=floor(sqrt(i));j++)
            if(i%j==0) break;
        if(j>floor(sqrt(i)))
            ans++;
    }
    cout<<ans<<endl;
    return 0;
}
```

其中，当"if(j>floor(sqrt(i)))"改为"if(j<=floor(sqrt(i)))"，如果条件成立，则说明从2开始一直穷举到不大于 sqrt(i) 的最大整数，找到了一个能够整除 i 的因数并提前结束了内层循环，j 的值并没有达到 floor(sqrt(i))+1，则 i 不是素数，因此 ans 不能够加 1。为了忽略本次循环的后续语句而去执行下一个整数是否为素数的判断，我们可以利用 continue 语句加以实现。参考程序如下：

```
//p4-4-7
#include<iostream>
#include<cmath>
using namespace std;
int main()
{
    int m,n,i,j,ans=0;
    cin>>m>>n;
    for(i=m;i<=n;i++)
    {
        for(j=2;j<=floor(sqrt(i));j++)
            if(i%j==0) break;
        if(j<=floor(sqrt(i))) continue;
        ans++;
    }
    cout<<ans<<endl;
    return 0;
}
```

2. 实践巩固

1）质因数分解（resolve，1s，256MB）

【问题描述】

已知正整数 n 是两个不同的质数的乘积，试求出较大的那个质数。

【输入格式】

输入只有一行，包含一个正整数 n。

【输出格式】

输出只有一行，包含一个正整数 p，即较大的那个质数。

【输入样例】

21

【输出样例】

7

【数据范围】

对于 60% 的数据，$6 \leqslant n \leqslant 1000$。

对于 100% 的数据，$6 \leqslant n \leqslant 2 \times 10^9$。

2）楼层编号（floor，1s，256MB）

【问题描述】

小林在 CSP-J 比赛期间住在"新世界"酒店。和其他酒店不一样的是，这个酒店每天都有一个高能的数字 t，这个数字在楼层中是不会出现的，以 t=3 为例，则 3、13、31、33 等楼层是不存在的，楼层编号为 1，2，4，5，…所以实际上的 4 楼才是 3 楼。已知小林预订了编号为 m 层的房间，并且当天高能数字是 t，现在他想知道房间所在的真实楼层。

【输入格式】

输入一行，两个整数 m 和 t，$1 \leqslant m \leqslant 100000$，$0 \leqslant t \leqslant 9$，保证 m 对 t 合法。

【输出格式】

输出一行，一个整数，表示真实楼层。

【输入样例】

14 3

【输出样例】

12

4.4.3 程序的调试与跟踪

编制 C++ 程序，解决问题需要经历分析问题、设计算法、编写程序、调试运行、检测结果等过程，其中调试是极其重要的一个环节，包括借助 IDE 的调试工具实施单步跟踪等。当然，有时候错误比较明显，可以从头至尾通读程序，检查是否存在变量未赋初值、运算结果越界、if-else 语句混乱等问题；也可以通过添加输出语句调试程序，从而发现并改正错误。

下面以 Dev-C++ 5.6.1 版本为例，介绍通过"单步执行"观察跟踪某个变量的值的变化，发现程序深层次的问题。

（1）设置程序断点。

在代码所在行行首单击，或者将光标移到想要设置断点的一行，选择"运行"→"切换断点"命令，如图 4-2 所示。该行将被加亮，默认的加亮颜色是红色，之后程序运行到该行处会暂停，如图 4-3 所示。如果想取消断点，则在代码行首再次点击即可。

图 4-2　设置断点 1

图 4-3　设置断点 2

（2）运行程序。

设置断点后，程序运行进入 debug 状态。选择"运行"→"调试"命令，在弹出的窗口中输入 n 的值 5，如图 4-4、图 4-5 所示。

（3）添加查看变量。

在调试程序时，单击左下方"调试"面板中的"添加查看"按钮，可在窗体左边添加一个或者多个需要在程序运行过程中查看的变量，以检测程序对变量的处理是否正确。例如，本题需要查看 sum 和 jc 两个变量。

（4）单步调试程序。

单击左下方"调试"面板中的"下一步"按钮，运行蓝色底色的代码，进入单步调试。当程序运行到 for 语句，i=1 并且 i≤n，因此满足循环条件，这时进入循环体，sum=sum+i；单击

"下一步"按钮，程序执行"sum=sum+i;"语句；再单击"下一步"按钮，在窗体左边"调试"面板中可以发现 sum 的值变为 1，如图 4-6、图 4-7 所示。

图 4-4 调试运行 1

图 4-5 调试运行 2

创客教育系列丛书 初中第三册

# 信息学初步

图 4-6　添加查看变量

图 4-7　单步调试程序

第5章

数　组

在学习本章之前，我们思考一个问题：如何从键盘输入 3 个整数，然后逆序输出，比如输入 3、7、6，则输出 6、7、3。你可能会觉得这个问题很简单，只需要定义三个整型变量 a、b、c，分别存储通过键盘输入的三个数，最后按顺序输出 c、b、a 即可。如果更改数据规模，要求读入 100 个数，如何将这 100 个数逆序输出。按照之前的做法，我们必须定义 100 个整型变量存放输入数据后再逆序输出，工作量显然特别大，程序也非常冗长复杂，计算机的优势并没有得到体现。再比如，如果想利用计算机输出某门课程中低于平均分的学生的序号及成绩，我们也需要一次性定义多个变量，把这门课程中 n 个学生的成绩都全部存储起来，然后逐个和平均分进行大小比较。而 C++ 中所提供的数组类型可以实现一次性定义多个相同数据类型的变量进行存储处理等操作，本章将分别对一维数组、二维数组及字符数组等的定义、调用和应用进行详细的介绍。

5.1 一维数组

5.1.1 一维数组的定义与调用

1. 知识讲解

类似于数学中使用下标变量 a_i 的形式表示变量，数组是若干个同名下标变量的集合，这些变量的数据类型全部一致，当数组中每个元素只带有一个下标时，我们称这样的数组为一维数组。定义一维数组的格式如下：

类型标识符　数组名〔常量表达式〕;

定义了之后，C++ 编译程序为所定义的数组在内存空间开辟一串连续的存储单元，每个数组第一个元素的下标都是 0。其中，类型标识符可以是任何基本数据类型，也可以是结构体等构造类型，相同类型的数组可以放在一起定义；数组的命名规则与变量名的命名规则一致；常量表达式的值即为数组元素的个数。

因此，针对章首所提出的"输出低于平均分学生的序号和成绩"问题，我们可以定义一个一维数组存储学生的成绩，例如"float a[1000];"定义了一个单精度类型的一维数组 a，共有 1000 个元素，它们的编号从 0 开始到 999，每个元素都是单精度类型的，占用 4 个字节。当然，如果在变量 n 中存储输入的学生人数后再定义一维数组，那么"float a[n]"也是允许的。

进而，我们可以通过给出的数组名称和这个元素在数组中的位置编号（即下标），引用这个数组中的元素对应存储从键盘上读入的学生的成绩，最后输出结果。一维数组的引用格式为：

数组名〔下标〕

如 a[1]、a[i×2+1] 等都是合法的数组元素。需要注意的是，C++ 中数组元素只能逐个引用而不能一次引用整个数组；数组下标只能为整型常量或整型表达式，值也必须在数组定义的下标范围内，否则会出现"下标越界错误"。

综上，针对章首所提出的"输出低于平均分学生的序号和成绩"问题，我们可以利用 for 循环语句，结合下标变化逐个读入学生的成绩并同时计算总分：

```
int n = 51;
float a[51]
float tot = 0;          // tot 存储 50 个学生的总分
for (int i=1;i<=n;++i)
{
    cin>>a[i];
    tot=tot+a[i];
}
```

其中，我们从下标1开始，当循环变量i=1时，a[i]就是a[1]，存储第一个学生的成绩；当i=2时，a[2]存储第2个学生的成绩……进而计算平均分，判断输出低于平均分的学生序号和成绩：

```
foat ave= tot/50;            // 计算平均分
for (int i=1;i<=n;++i)
  if (a[i]<ave)
        cout<<<<i<<" "<<a[i]<<endl;
```

例1 调整（adjust, 1s, 256MB）。

【问题描述】

输入N个整数，找出最大数所在位置，并将它与第一个数对调位置，输出改变后的数列。

【输入格式】

输入两行，第一行，输入n（n≤10000）；第二行，输入n个正整数。

【输出格式】

输出改变后的数列。

【输入样例】

4

1 2 3 4

【输出样例】

4 2 3 1

【问题分析】

为完成题目所要求的操作，其算法应该包括以下两个主要步骤。

（1）在输入过程中比较存储最大值并记录最大值所在位置；

（2）交换第一个元素的值与最大值的位置。

需要注意的是，由于下标值必须在数组定义的范围内，并且数组元素的下标都是从0开始的，因此，如果数组a下标要从1开始存储数，由于n≤10000，那么定义a数组时，常量表达式应该大于n的最大值，这样才能保证数组元素下标能够从1引用到n。参考程序如下：

```
//p5-1-1
#include<cstdio>
int main()
{
  int n,a[10005],max=0,maxx;
  scanf("%d",&n);
  for(int i=1;i<=n;i++)
  {
        scanf("%d",&a[i]);
```

```
        if(a[i]>max)
        {
                max=a[i];
                maxx=i;
        }
    }
    int t;
    t=a[1];
    a[1]=a[maxx];
    a[maxx]=t;
    for(int i=1;i<=n;i++)
    {
        printf("%d",a[i]);
    }
}
```

正如上面所提到的，一维数组的输入、输出等操作，都是采用循环语句结合下标变化逐个元素进行的，其中一维数组的输入包括键盘输入以及直接赋值两种形式。对于直接赋值，C++ 还提供了"memset"函数给数组"按字节"进行赋值，一般用在字符型数组中；如果是 int 类型的数组，一般赋值为 0 和 -1。使用前需要包含头文件"#include <cstring>"。例如"memset(a,0,sizeof(a));"表示将 a 数组中的所有元素赋值为 0。

当然，我们也可以在定义数组的同时对全部或者部分数组元素进行赋值，例如：

```
int a[5]={0,1,2,3,4};        // 将数组元素 a[0] 到 a[4] 分别赋值为 0,1,2,3,4。
int a[5]={0,1,2};            // 将数组元素 a[0] 到 a[2] 分别赋值为 0,1,2，后面元素自动初始化为 0
int a[]={0,1,2,3}            // 不定义数组长度，根据赋值个数决定数组长度
```

2. 实践巩固

1）移动（move，1s，256MB）

【问题描述】

将数组中第一个元素移到数组末尾，其余数据依次往前平移一个位置。

【输入格式】

输入两行，第一行，输入 n（n ≤ 10）；第二行，输入 n 个数。

【输出格式】

输出改变后的数列。

【输入样例】

10

1 2 3 4 5 6 7 8 9 10

【输出样例】

2 3 4 5 6 7 8 9 10 1

2）博物馆（museum，1s，256MB）

【问题描述】

从前，有一个偌大的博物馆，每天都有数以万计的人来欣赏这里的艺术作品。这一天，博物馆来了 N 批人，第 i 批人由 A_i 个人以及一个导游组成，他们依次到达，但同时也有一些批次的人离开。由于人次太多，博物馆的管理人员递给你一些人数表，请你来统计一下剩下的人数。

【输入格式】

第一行是个整数 N。接下来 N 行，每行两个数，第一个数 X，如果 X=0 则后面接一个数 A_i，表示来了 A_i 个人；如果 X=1，那么接下来就有一个数 Y，表示来的人中的第 Y 批离开了。

【输出格式】

输出一个数，表示剩下多少人。

【输入样例】

6
0 5
0 6
1 1
0 7
0 8
1 3

【输出样例】

16

【样例解释】

有 4 批人，每批人要加上一位导游，分别是 6、7、8、9 人，离开的是第 1 和 3 批，即走了 6+8=14 人，剩 7+9=16 人。

【数据范围】

对于 30% 的数据，$1 \leq N \leq 100$，$1 \leq A_i \leq 1000$；

对于 100% 的数据，$1 \leq N \leq 1000000$，$1 \leq A_i \leq 1000000$。

保证：X 只为 0 或 1，Y 一定符合要求。

5.1.2 一维数组的应用

1. 知识讲解

前面我们学习了如何利用数组进行一些简单的操作，例如数组元素的交换或者移动。另外，如果想在数组中插入一个元素到位置 k，我们则可以利用 for 循环语句，从后往前，将这个元素及其之后的所有元素依次往后移一位，例如 "for(i=n;i>=k;i--) a[i+1]=a[i];"，再将给定的元素插入位置 k，即 "a[k]= 需要插入元素的值 ;"。如果想在数组中删除位置 k 的元素，则从前往后，将下标为 k+1 及其之后的所有元素依次向前移一位，覆盖原来位置上的元素，例如 "for(i=k;i<=n-1;i++) a[i]=a[i+1];"。

当然，我们也经常利用数组进行查找操作，例如在一维数组中从前往后，按顺序查找是否存在某个元素或者元素的值是否等于某个指定的值。如果数组是有序的（递增或者递减），我们也可以进行二分查找。关于二分查找，我们将在第 12 章中进行详细讲解，这里就不再赘述。

例 2　人机大战（war，1s，256MB）。

【问题描述】

2016 年 3 月 13 日，载入史册的一天，李世石执白战胜了阿法狗，虽然 1：3 败局已定，李世石还是想赢得第 5 场胜利，为人类扳回一点颜面。他提出一个新的玩法：N 个棋子排成一排，从 1 到 N 编号，一开始都是黑色朝上。接下来第 1 秒，把所有编号为 1 的倍数的棋子翻转；第 2 秒，把所有编号为 2 的倍数的棋子翻转；第 3 秒，把所有编号为 3 的倍数的棋子翻转……这样的操作一直持续了 N 秒。现在李世石想考一下阿法狗 N 秒后一共有多少个棋子是黑色朝上，作为阿法狗软件工程师的你需要设计程序来解决。

【输入格式】

输入第一行，一个整数 N(1 ≤ N ≤ 1000)，表示棋子的数量。

【输出格式】

N 秒后黑色朝上的棋子数量。

【输入样例】

10

【输出样例】

7

【问题分析】

用 a[1]，a[2]，…a[n]=0 表示编号为 1，2，3，…n 的棋子是黑色朝上的。模拟这些操作即可，参考程序如下：

```
//p5-1-2
#include<cstdio>
```

```
using namespace std;
int main()
{
    int a[1005],n,s=0;
    scanf("%d",&n);
    for(int i=1;i<=n;++i)
        a[i]=0;
    for(int i=1;i<=n;++i)
        for(int j=i;j<=n;++j)
            if(j%i==0) a[j]=!a[j];   // 如果棋子的编号是当前秒数的倍数，则棋子翻转
    for(int i=1;i<=n;++i)
        if(a[i]==0) s++;
    printf("%d",s);
    return 0;
}
```

需要注意的是，有时数组的数据规模比较大，需要定义在主函数外部，即定义为全局变量，C++ 会给全局变量在静态存储区内分配存储空间，并且系统会自动初始化变量为 0；而之前我们提到过，在主函数里面定义的变量属于局部变量，局部变量是利用栈动态分配存储空间，需要自己初始化，否则其值不确定。因此，如果在 main 函数内部定义大数组，则相当于在栈内需要一个非常大的空间，很容易造成栈溢出。

例 3　最佳交换（change，1s，256MB）。

【问题描述】

星星小朋友和 n-1 个小伙伴一起玩了一上午的纸牌游戏，星星总是能赢，气焰嚣张，小伙伴们决定出一道纸牌问题难倒星星。问题是这样的：每人摸一张牌，每张牌上写着某一个数字，然后规定若干对伙伴间交换纸牌（每个小伙伴只允许交换一次），交换得分就是大的纸牌值减去小的纸牌值，若干次得分加起来的和最大是多少？

可是小伙伴们忘记了星星学过编程，请你和他一起来用程序解决这个问题吧。

【输入格式】

输入第一行，两个用空格隔开的正整数 M、N，分别表示交换次数和总人数（星星也算在内）；第二行，N 个用空格隔开的正整数 a_i。

【输出格式】

输出一个正整数，表示最大得分值。

【输入样例】

2 5

3 7 2 1 6

【输出样例】

10

【数据范围】

60%的数据中，M=1。

80%的数据中，M≤2。

100%的数据，M≤3，N≤100，a_i≤1000。

【问题分析】

由于交换得分就是大的纸牌值减去小的纸牌值，如果第一次用纸牌中的最大值减去最小值，第二次用纸牌中的最二大值减去次小值……依次类推，交换若干次后的得分和ans便是所求最大值，为完成所要求的操作，算法应该包括以下两个主要步骤。

（1）将纸牌按照上面所写数值从大到小排列；

（2）根据所要求交换次数反复执行：用剩余纸牌中的最大值减去最小值，并累加到ans中去。假设数组a存放纸牌数值，有n张纸牌，第一次交换中纸牌的最大值为a[1]，最小值为a[n]，第一次交换得分为a[1]-a[n]；第二次交换中纸牌的最大值为a[2]，最小值为a[n-1]，第二次交换得分为a[2]-a[n-1]……第i次交换中纸牌的最大值为a[i]，则最小值为a[n-i+1]，第i次交换得分为a[i]-a[n-i+1]。

其中，"排序"就是按照对象的某一个属性，将若干对象从大到小或者从小到大进行重新排列。例如，将纸牌按照上面所写数值从大到小排列就是"降序"排序，纸牌值是纸牌的一个属性。排序算法非常多，在第8章我们将会进行详细介绍，这里简单介绍选择排序、冒泡排序这两种基本排序算法，它们的本质都是借助数组下标对数组中的元素进行比较和交换以实现有序。

利用选择排序对纸牌进行从大到小排序的过程如下。

（1）每一趟从待排序的纸牌中，比较并选出数值最大的纸牌，放在序列的最前面，即第几趟比较能够选出第几大的纸牌，并对应存储到从前面开始的第几个位置。因此，第一趟比较用a[1]与a[2]比，a[1]与a[3]比，……a[1]与a[n]比，每次的比较中，若较大的纸牌不是a[1]，则将a[1]与比较对象进行对换，便于把较大的数存储到a[1]，否则不需调换位置。这样，第一趟就把n张纸牌数值最大的放在了第一个位置。

（2）第二趟把剩余的n-1张纸牌中（第2张到第n张）数值最大的放在第二个位置，第三趟把剩余的n-2张纸牌中（第3张到第n张）数值最大的放在第三个位，……第n-1趟把剩下的2张纸牌中（第n-1张到第n张）数值最大的放在第n-1个位置，剩下的最后一张纸牌（第n张）一定是最小的，自然落在了第n个位置。

综上，比较的趟数i可用1～(n-1)循环进行控制，每一趟循环中，比较范围j可用i+1～n循环进行控制，两两比较可写成a[i]与a[j]相比较，第几趟比较需要选出第几大的纸牌存储到a[i]中。题目完整的参考程序如下：

```
//p5-1-3
#include<iostream>
```

```
using namespace std;
int a[200];                          // 定义为全局变量,系统自动将数组元素的值初始化为0
int main()
{
    int n,m,i,j,ans;
    cin>>m>>n;
    for(i=1;i<=n;i++)
            cin>>a[i];
    for(i=1;i<=n-1;i++)              // 比较趟数
            for(j=i+1;j<=n;j++)     // 每一趟比较范围
            if(a[i]<a[j])           // 第几趟比较能够选出第几大的纸牌,存储到a[i]中
            {
                    a[0]=a[i];      // 数组元素a[0]作为中间变量实现两数交换
                    a[i]=a[j];
                    a[j]=a[0];
            }
    ans=0;
    for(i=1;i<=m;i++)
            ans=ans+a[i]-a[n-i+1];  // 累加纸牌交换得分
    cout<<ans;
    return 0;
}
```

创客教育系列丛书

初中第三册

利用冒泡排序对纸牌进行从大到小排序的过程如下。

（1）每一趟从待排序的纸牌中，通过不断比较相邻两张纸牌数值的方式选出最小的纸牌，并放在序列的最后面，即第几趟比较能够选出第几小的纸牌，并对应存储从后面开始的第几个位置。因此，第一趟比较用a[1]与a[2]比，a[2]与a[3]比，……a[n-1]与a[n]比，每次的比较中，如果逆序则交换，否则不需调换位置。这样，第一趟就把n张纸牌数值最小的放在了最后一个位置。

（2）第二趟把剩余的n-1张纸牌中（第1张到第n-1张）数值最小的放在倒数第二个位置，第三趟把剩余的n-2张纸牌中（第1张到第n-2张）数值最小的放在倒数第三个位，……第n-1趟把剩下的两张纸牌中（第1张到第2张）数值最小的放在第2个位置，剩下的最后一张纸牌（第1张）一定是最大的，自然落在了第1个位置。

综上，比较的趟数i可用1～(n-1)循环进行控制，每一趟循环中，由于是前后比较，因此比较范围j可用1～n-i循环进行控制，两两比较可写成a[j]与a[j+1]相比较，第几趟比较需要选出第几小的纸牌存储到a[n-i+1]中。题目完整的参考程序如下：

```
//p5-1-4
#include<iostream>
using namespace std;
int a[200];    // 定义为全局变量,系统自动将数组元素的值初始化为0
```

```
int main()
{
    int n,m,i,j,ans;
    cin>>m>>n;
    for(i=1;i<=n;i++)
            cin>>a[i];
    for(i=1;i<=n-1;i++)          // 比较趟数
    for(j=1;j<=n-i;j++)          // 每一趟比较范围
            if(a[j]<a[j+1])      // 第几趟比较能够选出第几小的纸牌, 存储到a[n-i+1]中
            {
                    a[0]=a[j];   // 数组元素a[0]作为中间变量实现两数交换
                    a[j]=a[j+1];
                    a[j+1]=a[0];
            }
    ans=0;
    for(i=1;i<=m;i++)
            ans=ans+a[i]-a[n-i+1];   // 累加纸牌交换得分
    cout<<ans;
    return 0;
}
```

2. 实践巩固

1）整理题库（sortque, 1s, 256MB）

【问题描述】

为了提高大家的程序设计水平，老师建立了一个校内题库。题库中共有 n 道题，第 i 道题目的难易程度用 t_i 表示，这 n 道题根据由易到难的顺序已排好。现在老师决定插入 m 道难度为 d_j 的题到题库中，要求题库中的题仍然按由易到难的顺序排好。

【输入格式】

第一行，两个用一个空格隔开的 n 和 m；

第二行，n 个用一个空格隔开的正整数 t_j，表示题库中每道题的难度；

第三行，m 个用一个空格隔开的正整数 d_j，表示待插入的每道题的难度。

$1 \leqslant t_i \leqslant 32767$，$1 \leqslant d_j \leqslant 32767$，$1 \leqslant n \leqslant 1000$，$1 \leqslant m \leqslant 1000$。

【输出格式】

一行，若干个用一个空格隔开的正整数，表示插入后题库的试题难度情况。

【输入样例】

5 2

1 3 5 7 9

28

【输出样例】

1 2 3 5 7 8 9

2）约瑟夫问题（Joseph，1s，256MB）

【问题描述】

有 N 个人围坐在圆桌周围，座号依次为 1…N（N ≤ 1000），从 1 号开始报数，数到 M 的人便退出，从下一个人起重新报数，数到 M 的人也退出，不断进行下去，直到最后一个人退出。编程打印出依次退出的人的座号。（N、M 由键盘输入）

【输入格式】

一行，输入 n、m。

【输出格式】

打印依次退出的人的座位号。

【输入样例】

8 5

【输出样例】

5 2 8 7 1 4 6 3

3）化装晚会（costume，1s，256MB）

【问题描述】

万圣节又到了，农夫 John 打算带他的奶牛去参加一个化装晚会，但是，John 只做了一套能容下两头总长不超过 S(1 ≤ S ≤ 1000000) 的牛的恐怖服装。John 养了 N(2 ≤ N ≤ 20000) 头按 1~N 顺序编号的奶牛，编号为 i 的奶牛的长度为 L_i(1 ≤ L_i ≤ 1000000)。如果两头奶牛的总长度不超过 S，那么它们就能穿下这套服装。John 想知道，如果他想选择两头不同的奶牛来穿这套衣服，一共有多少种满足条件的方案。

【输入格式】

第 1 行，2 个用空格隔开的整数 N 和 S；第 2~N+1 行，第 i+1 为 1 个整数 L_i。

【输出格式】

第 1 行，输出一个整数，表示 John 可选择的所有方案数。注意奶牛顺序不同的两种方案是被视为相同的。

【输入样例】

4 6

3

5

2

1

【输出样例】

4

【样例解释】

4 种选择分别为：奶牛 1 和奶牛 3；奶牛 1 和奶牛 4；奶牛 2 和奶牛 4；奶牛 3 和奶牛 4。

5.2 二 维 数 组

5.2.1 二维数组的定义与调用

1. 知识讲解

如果一维数组中的每一个数组元素又是一个一维数组，我们称这种数组为"二维数组"。定义二维数组的格式如下：

类型标识符　数组名 [常量表达式 1][常量表达式 2]；

C++ 编译程序会为所定义的二维数组在内存空间开辟一串连续的存储单元，逐行存储所有元素。其中，常量表达式 1 的值表示第一维大小，常量表达式 2 的值表示第二维大小，常量表达式 1 和常量表达式 2 的乘积就是二维数组的元素个数。例如，在走迷宫游戏中，我们定义一个 bool 类型的二维数组 a[100][100]，表示一个 100 行 100 列的迷宫，共有 100×100 个格子。

进而，我们可以通过给出的数组名称和这个元素在数组中的行列位置加以引用，格式为：

数组名 [下标 1][下标 2]

例如，在走迷宫游戏中，a[0][0] 对应迷宫中第 1 行第 1 列格子的状态，即是否存在障碍物，a[99][99] 对应第 100 行第 100 列格子的状态。当然，如果数组 a 要用 a[1][1] 开始表示第 1 行第 1 列格子的状态，即 a[i][j] 表示第 i 行第 j 列的格子的状态，那么定义 a 数组时，常量表达式 1 和常量表达式 2 应该分别大于迷宫的行和列的最大值。需要注意的是，与一维数组一样，下标的取值不应超出下标所指定的范围，否则会导致致命的越界错误。

二维数组的输入、输出等操作都是采用循环嵌套结合两个维度的下标变化，逐个元素进行的，其中，输入包括键盘输入以及直接赋值两种形式。当然，我们也可以在定义数组的同时对全部或者部分数组元素进行赋值。例如：

```
int a[100][100]={0};        // 对全部数组元素初始化为 0
int a[2][3]={{1,2,3},{4,5,6}};      // 分行对全部数组元素初始化
```

```
int a[2][3]={{1,2},{4}};              // 对部分数组元素初始化
int a[][3]={1,2,3,4,5,6,7,8,9,10,11,12};   // 忽略第一维大小
```

其中，第三个初始化例子中，第0行中a[0][0]及a[0][1]的初值分别为1、2，其余默认为0；第1行中a[1][0]的初值为4，其余元素默认为0。第四个初始化例子中，系统根据{}中的元素个数，自动确定a数组的第一维大小为4。

此外，当定义的数组下标有多个时，我们称为多维数组，多维的数组引用赋值等操作与二维数组类似，例如：

```
int a[100][100][3];
int a[100][100][3][3];
```

例1 杨辉三角形 （triangle，1s，256MB）。

【问题描述】

输入正整数n，输出杨辉三角形的前n行。

【输入格式】

一行，一个正整数n，$1 \leqslant n \leqslant 20$。

【输出格式】

共n行，其中第i行包含i个正整数，数值之间用一个空格隔开。

【输入样例】

5

【输出样例】

```
1
1 1
1 2 1
1 3 3 1
1 4 6 4 1
```

【问题分析】

观察发现，杨辉三角形是一个二维矩阵。定义一个二维数组a存储杨辉三角形。对于第i行（$1 \leqslant i \leqslant n$），共有i个数，每行首尾元素为1，其他数组元素a[i][j] =a[i-1][j-1] + a[i-1][j]，参考程序如下：

```
//p5-2-1
#include<iostream>
using namespace std;
int main()
{
```

```
int n,i,j,a[21][21];
cin>>n;
a[1][1]=1;
for(i=2;i<=n;++i)
{
        a[i][1]=1;
        a[i][i]=1;
        for(j=2;j<=i-1;++j)
                a[i][j]=a[i-1][j-1]+a[i-1][j];
}
for(i=1;i<=n;i++)
{
        for(int j=1;j<=i;j++)
                cout<<a[i][j]<<" ";
        cout<<endl;
}
return 0;
}
```

2. 实践巩固

1）对角元素和（sum，1s，256MB）

【问题描述】

输入 n×n 方阵，分别求两条对角线上元素之和。

【输入格式】

输入 n，表示 n×n 的矩阵，进而输入数据。

【输出格式】

两条对角线上元素之总和。

【输入样例】

2

1 2

2 1

【输出样例】

6

2）马鞍点（point，1s，256MB）

【问题描述】

求一个具有 n 行 n 列矩阵的马鞍点（矩阵中某一元素，是所在行中的最小值，同时又是所在列中的最大值，则称该矩阵有马鞍点，该元素的值称为马鞍点的值）。输入样例 1 中，矩阵第 1 行第 1 列有一马鞍点，其值为 5。

【输入格式】

第一行，一个数 N；接下来 N 行，每行 N 个数。

【输出格式】

马鞍数所在的行列，用一个空格隔开，如果有多个，请分行输出。

【输入样例】

```
5
5 6 7 8 9
4 5 6 7 8
3 4 5 2 1
2 3 4 9 0
1 2 5 4 8
```

【输出样例】

```
1 1
```

5.2.2　二维数组的应用

1. 知识讲解

例 2　数字方阵（matrix，1s，256MB）。

【问题描述】

在一个数字方阵中，随机放置了 0 ~ 9 的数字。我们把由数字 1 ~ 9 的组成的串称为非零串（不含 0 的数字串）。例如 02303230，这组数据中有 23 和 323 两种非零串，其中长度最长的非零串为 323。

已知一个 N×M（$1 \leqslant N，M \leqslant 1000$）的数字方阵，求方阵第 K 行的最长非零串的长度。

如图 5-1 所示在这个 4×8 的方阵中，第 2 行的最长非零串长度为 3。

1	2	0	3	4	2	2	0
0	2	3	0	3	2	3	0
3	0	3	2	0	0	0	1
1	0	3	1	0	0	0	0

图 5-1 数字方阵

【输入格式】

输入数据有若干行；

第一行，有三个整数 N、M（1 ≤ N,M ≤ 1000）和 K（1 ≤ K ≤ N），其中 N、M 分别表示这个数字方阵中行数和列数，K 表示数字方阵第 K 行的最长数字串长度；接下来有 N 行，其中每行有 M 个 0～9 的数字，数字间用一个空格隔开。

【输出格式】

第 K 行的最长非零串的长度。

【输入样例】

4 9 3

9 2 0 0 3 4 2 5 0

4 0 2 3 0 3 2 3 1

3 8 3 2 9 0 7 5 1

1 0 3 1 0 0 6 6 0

【输出样例】

5

【问题分析】

首先通过循环嵌套的方式对数字方阵 a[n][m] 直接赋值，进而穷举 1～m 列，对第 k 行每一列的数字进行判断，用 tot 表示当前非零串长度，ans 表示最终结果，如果条件 "a[k][i]!=0" 成立，则目前 tot 加 1，否则比较 tot 与 ans，如果 ans 小于 tot，则 ans=tot，否则重新初始化 tot 为 0。参考程序如下：

```
//p5-2-1
#include<cstdio>
int n,m,k,a[1001][1001],tot,ans;
int main()
{
    scanf("%d%d%d",&n,&m,&k);
    for(int i=1;i<=n;i++)
    for(int j=1;j<=m;j++)
        scanf("%d",&a[i][j]);
```

```
for(int i=1;i<=m;i++)
{
        if(a[k][i]!=0)      tot++;
        else
        {
                if(ans<tot) ans=tot;
                tot=0;
        }
}
if(ans<tot) ans=tot;
printf("%d",ans);
}
```

2. 实践巩固

1）铺地毯（carpet，1s，256MB）

【问题描述】

为了准备一个独特的颁奖典礼，组织者在会场的一片矩形区域（可看作是平面直角坐标系的第一象限）铺上一些矩形地毯。一共有 n 张地毯，编号为 1～n。现在将这些地毯按照编号从小到大的顺序平行于坐标轴先后铺设，后铺的地毯覆盖在前面已经铺好的地毯之上。地毯铺设完成后，组织者想知道覆盖地面某个点的最上面的那张地毯的编号。注意：在矩形地毯边界和四个顶点上的点也算被地毯覆盖。

【输入格式】

第一行，一个整数 n，表示总共有 n 张地毯。

接下来的 n 行中，第 i+1 行表示编号 i 的地毯的信息，包含四个正整数 a、b、g、k，每两个整数之间用一个空格隔开，分别表示铺设地毯的左下角的坐标（a,b）以及地毯在 x 轴和 y 轴方向的长度。

第 n+2 行包含两个正整数 x 和 y，表示所求的地面的点的坐标（x,y）。

【输出格式】

一个整数，表示所求的地毯的编号；若此处没有被地毯覆盖，则输出 -1。

【输入样例 1】

```
3
1 0 2 3
0 2 3 3
2 1 3 3
2 2
```

【输出样例1】

3

【样例1解释】

如图5-2所示，1号地毯用实线表示，2号地毯用虚线表示，3号用双实线表示，覆盖点（2,2）的最上面一张地毯是3号地毯。

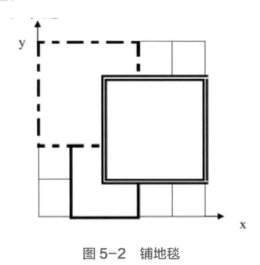

图5-2　铺地毯

【输入样例2】

3

1 0 2 3

0 2 3 3

2 1 3 3

4 5

【输出样例2】

-1

【样例2解释】

如图5-2所示，1号地毯用实线表示，2号地毯用虚线表示，3号用双实线表示，点（4,5）没有地毯覆盖。

【数据范围】

对于30%的数据满足：n≤2；

对于50%的数据：$0 \leq a,b,g,k \leq 100$；

对于100%的数据：$0 \leq n \leq 10000$；$0 \leq a,b,g,k \leq 100000$。

5.3 字 符 数 组

5.3.1 字符数据类型

1. 知识讲解

字符型是 C++ 中常见的数据类型，在内存中占用一个字节。前面我们所提到的换行符"\n"是转义字符，属于字符型中字符常量的一种，例如"/r"表示回车（不换行），"/t"表示水平制表 tab。而普通字符常量则常用一对单引号将单个字符括起来表示，例如'a''A'。所有字符采用 ASCII 编码，例如字符 a 所对应的编码序号是 97，字符 A 所对应的编码序号是 65，因此可以直接参与算术运算等。

定义字符型常量的语法格式为：

```
char const 常量名;
```

或

```
const char 常量名;
```

例如：

```
char const x = 'a';
const char x = 'a';
```

定义字符型变量的语法格式为：

```
char 变量名1, 变量名2,…, 变量名n;
```

例如：

```
char x,y;
```

字符变量的值也是用一对单引号括起来的一个字符，而用一对双引号将若干字符括起来的序列称为字符串，例如"noi""a"等。字符串占用字节数等于字符串的字节数加1，增加的一个字节中存放字符串结束符'\0'。例如：字符'a'占一个字节，字符串"a"则占两个字节。

例1 阅读并上机调试以下程序，观察运行结果。

```cpp
//p5-3-1
#include<iostream>
using namespace std;
int main()
{
    char c1,c2;
    cin>>c1>>c2;
    cout<<int(c1)<<" "<<int(c2)<<endl;
```

```
c1=c1-32;    // 小写字母转换成大写字母
c2=c2+32;    // 大写字母转换成小写字母
cout<<c1<<" "<<c2<<endl;
return 0;
}
```

【问题分析】

运行程序，输入"a A"，利用cin输入多个字符变量时，cin会自动跳过空格读取字符，输出：

```
97 65
A a
```

所有小写字母的ASCII值要比对应大写字母的ASCII值大32，例如'b'所对应的ASCII值为98，'B'所对应的ASCII值为66，因此字符变量c1减去32后便得到原来字母的大写形式。反之，c2加上32后便得到原来字母的小写形式。此外，字符型是顺序类型，因此，我们也可以将字符变量作为循环变量。

例2 打印字母序列 (letter，1s，256MB)。

【问题描述】

输入一个小写字母，从该字母开始间隔打印出字母表中的字母，如输入"a"，则打印：

```
a  c  e  g  i  k  m  o  q  s  u  w  y
```

【输入格式】

一行，一个小写字母。

【输出格式】

输出符合要求的字母序列，字母之间用两个空格隔开。

【输入样例】

```
a
```

【输出样例】

```
a  c  e  g  i  k  m  o  q  s  u  w  y
```

【问题分析】

字符型循环控制变量letter从本身开始穷举，当循环条件"letter<='z'"成立时，反复执行以下循环体。

（1）输出字母；

（2）由于字符变量可以直接参与算术运算，将letter取值为下一个字母，即"letter=letter+2"。

参考程序如下：

```
//p5-3-2
#include<iostream>
using namespace std;
int main()
{
    char letter;
    cin>>letter;
    while(letter<='z')
    {
            cout<<letter<<" ";
            letter=letter+2;
    }
    return 0;
}
```

2. 实践巩固

1）跑步（race，1s，256MB）

【问题描述】

为了迎接学校的长跑比赛，小明每天坚持晨练。为了适应各种长跑比赛场地，他在小区找到了一条能应对各种地形的跑道，这条跑道包括上坡、平地和下坡。他把选择的跑道划分成 T 个单位长度，每个单位长度的跑道地形可能是上坡、平地或者下坡。输入中使用三个字母来表示每个单位长度跑道的地形情况，u 表示是上坡，f 表示是平地，d 表示是下坡。

现在已知小明跑步的时间为 M 秒，每跑一个单位长度的上坡需要 U 秒、平地需要 F 秒、下坡需要 D 秒。

请帮小明计算一下，在 M 秒内最远能跑多远。以整数为单位，比如最后一个单位长度跑道小明只能跑一部分，而不能跑完整个跑道，则这一部分就不算。请认真分析输入输出样例。

【输入格式】

第一行包含五个整数，并且两两之间用空格隔开，分别为 M、T、U、F 和 D。第 2~T+1 行：每行一个字母，表示这个单位的地形。

【输出格式】

用一个整数表示他能跑的最远距离。

【输入样例 1】

8 5 2 3 1

u

f

u

d

f

【输出样例1】

4

【输入样例2】

8 5 4 2 1

f

f

f

d

d

【输出样例2】

5

【数据范围】

$1 \leqslant M \leqslant 10000000$，$1 \leqslant T \leqslant 100000$，$1 \leqslant U \leqslant 100$，$1 \leqslant F \leqslant 100$，$1 \leqslant D \leqslant 100$。

2）字母统计（count，1s，256MB）

【问题描述】

晨晨刚上幼儿园，对字母很感兴趣，特别是对 b、B、m、M 四个字母感觉很亲切，因为这四个字母很像"爸""妈"的发音。每次看到一段英文文章，她都要数一数文章里面有多少个这四个字母。由于她刚学数数，数不准，想让大哥哥、大姐姐帮她数一下，你能帮她吗？

【输入格式】

输入一段以 '#' 结束的字符串。

【输出格式】

一个整数，代表字符串出现了多少个 b、B、m、M 字母。

【输入样例】

Thanks for being there, mom. Happy Mother's Day.#

【输出样例】

4

【数据范围】

对于 80% 的数据，字符串长度小于 255；

对于 100% 的数据，字符串长度小于 1000。

5.3.2　字符数组及其应用

1. 知识讲解

数组中每个元素都是一个字符的数组称为"字符数组"。字符数组是用来存放字符序列或字符串的，定义字符数组的格式如下：

```
char 数组名 [ 常量表达式 ];
char 数组名 [ 常量表达式1] [ 常量表达式2];
```

需要注意的是，若在定义数组的同时对全部或者部分数组元素进行赋值，要注意字符初始化和字符串初始化两种方式的区别。其中，字符初始化是分别用字符给数组中的各个元素进行初始化，当初始值个数少于元素个数时，从首元素开始赋值，剩余元素默认为空字符。

例如：

```
char a[5]={'a','p','p','l','e'};
```

所定义的字符数组在内存空间连续存储，数组元素的初始值分别为a[0]='a'，a[1]='p'，a[2]='p'，a[3]='l'，a[4]='e'；

字符串初始化是指在一维字符数组中存放着带有结束符'\0'的若干个字符。例如：

```
char a[6]={'a','p','p','l','e','\0'};
```

所定义的字符数组存放了一个字符串"apple"，等同于 char a[6]="apple"，当然，此时字符串的长度应小于字符数组的长度或等于字符数组的长度减1。

引用字符数组的方法与引用其他类型数组的方法类似，输入也同样包括键盘输入以及直接赋值两种形式。在键盘输入中，可以利用cin或者scanf读入整个字符数组，例如"scanf('%s',a);"，这里的字符数组名称之前不加取地址符&，scanf一个一个读取输入的字符序列，直到遇到回车符或者空格符、制表符等。

当然，也可以采用循环语句结合下标变化逐个读取数组元素值，例如：

```
scanf("%c",&a[i]);    // 此时 scanf 能读取空格
cin>>a[i];            // 不能读取空格
a[i]=getchar();       // 能读取空格
```

输出时可以采用 cout 或者 printf 输出整个字符数组，例如"printf('%s',a);"，也可以采用循环语句结合下标变化逐个输出数组元素值，例如：

```
printf("%c",a[i]);
cout<<a[i];
putchar(a[i]);
```

例 3   乐乐的统计 (number, 1s, 256MB)。

【问题描述】

乐乐想做一个关于机动车环保的调查。他来到自己学校附近的一条主干道，在路边站了几个钟头，记录下经过的所有摩托车与汽车的车牌。乐乐的记录格式为：k+ 车牌号，其中 k 是 1 代表摩托车，2 代表汽车，如 2Y99452 是汽车；车牌号由六个字符组成，如 Y99452、E88888 等，这个字符串从左边数起的第一个字符为大写英文字母，代表车的归属地，佛山代号有 Y、E、X，后面的五位由数字组成。他想请你帮忙统计一下这段时间内，经过这条路的车牌为佛山市的汽车与摩托车的数量。

【输入格式】

第一行，一个正整数 N（1 ≤ N ≤ 105），表示共有 N 条记录。

接下来的 N 行，每行是一条记录。题目保证给出的车牌不会重复。

【输出格式】

输出一行，空格分开的两个整数，分别为属于佛山的摩托车数和汽车数。

【输入样例】

```
6
1B45451
2Y54672
1E87680
1X77771
2D23445
1T34567
```

【输出样例】

```
2 1
```

【问题分析】

循环输入车牌字符串并用字符数组存储，当字符数组的第二个字符，即 ch[1] 是 'Y' 'E' 'X' 中的一个，那么第一个字符 ch[0] 为 '1' 时，摩托车 mo 数量加 1，否则汽车 car 数量加 1。参考程序如下：

```cpp
//p5-3-3
#include<cstdio>
using namespace std;
int main()
{
    int i,n,mo=0,car=0;
    char ch[10];
```

```
    scanf("%d",&n);
    for(i=1;i<=n;i++)
     {
            scanf("%s",ch);
            if(ch[1]=='Y'||ch[1]=='E'||ch[1]=='X')
            {
                    if(ch[0]=='1')
                            mo++;
                    else
                            car++;
            }
     }
    printf("%d %d",mo,car);
    return 0;
}
```

例4 找M进制数（num，1s，256MB）。

【问题描述】

在信息学课上，楠楠学习了进制数。数不仅可以表示成十进制，还可以表示成二进制、八进制、十六进制，甚至是二十进制、三十进制。它们都有一个相同的运算规则：逢M进一，如二进制逢二进一，八进制逢八进一。因此，M进制数中每一位上的数可以用0～M-1来表示，即二进制数中只有0和1两种数字，八进制数中有0，1，2…7共八种数字。但是若M大于10时，大于等于10的数字用大写字母表示，例如十六进制数中有0，1，2…9，A…F共16种数字。

现在老师给出N个任意进制数，要求统计出N个数中合法的M进数的个数。

【输入格式】

第一行，有两个整数N(1 ≤ N ≤ 100000)和M(2 ≤ M ≤ 36)，分别表示任意进制数的个数和M进制。

接下来有N行，每行是一个由数字和大写字母构成的任意进制数，位数小于50。

【输出格式】

输出N个任意进制数中，合法的M进制数的个数。

【输入样例】

5 16

102

AFF

5A

890

5S

【输出样例】

4

【问题分析】

定义一个标记 bz 并初始化为 0，通过穷举的方式，逐个判断字符数组 s 的字符是否合法，只要有一个不合法，则将标记 bz 赋值为 1；如果全部合法，即 bz 依旧为 0，则总数 f 加 1。而字符是否合法可以通过判断字符 s[i] 是否小于进制数 m 减 1 的值所对应的字符 x。其中，穷举一个字符数组的字符，可以利用循环控制变量 i 从下标 0 开始到字符数组的长度 len 减 1 为止逐个引用 s[i]。len=strlen(s)，strlen 函数用于计算字符串的长度，需要调用 cstring 库，终止符 '\0' 不算在长度之内。

此外，由于 M 进制数中每一位上的数可以用 0 ~ M-1 来表示，如果输入 m 进制，则最大数字可达到 m-1。如果进制大于 10 时，则大于等于 10 的数字用大写字母表示，分析题目可知，进制数 m 减 1 的值所对应的字符 x=m-1-10+'A'；否则 x=m-1+'0'。参考程序如下：

```cpp
//p5-3-4
#include<iostream>
#include<cstring>
using namespace std;
char s[101];
int main()
{
    int n,m,f=0,len;
    char x;
    cin>>n>>m;
    if(m>10)x=m-1-10+'A';
    else x=m-1+'0';
    for(int i=1;i<=n;i++)
    {
        int bz=0;
        cin>>s;
        len=strlen(s);
        for(int i=0;i<len;i++)
        {
            if(s[i]>x) bz=1;
        }
        if(bz==0)  f++;
    }
    cout<<f;
    return 0;
}
```

例 5　波波爱看 NBA（nba，1s，256MB）。

【问题描述】

马上要考试了，波波决定放松一下，于是打开电视看篮球赛。在看球赛时，波波回忆起了每年的 NBA 总冠军队伍，但他只记起了一部分，记忆的内容可能会有重复。现在请求学过编程的你帮助波波，按时间顺序（从 1947A.D 到 2009A.D）依次输出总冠军的球队。（不能重复）

【输入格式】

第一行是一个正整数 n(0<n<50)。接下来的 n 行，每行先是城市名（由大小写字母、空格组成），后是时间（由数字组成）。二者之间用 1 个空格隔开。

【输出格式】

输出文件共若干行，即排序后的 NBA 总冠军队伍。每行先是时间，后是城市名，中间用一个空格隔开。

【输入样例】

3
Boston 1963
Boston 1959
Pholly 1947

【输出样例】

1947 Pholly
1959 Boston
1963 Boston

【数据范围】

50% 的数据，n ≤ 25。
100% 的数据，n<50。

【问题分析】

由于读入的数据有 n 行，每行先是城市名，由大小写字母、空格等组成，例如"San Antonio"，后是时间（由数字组成），因此我们使用 getchar 来高效读取数据，定义二维字符数组 name[51][100] 存储城市名，time[51][100] 存储获得总冠军的时间。

读取整数 n 后，这里需要用"getchar();"读取 n 之后的换行符，以避免将该符号读取到 name 数组或者 time 数组中。如果不是数字字符，则读取到 name 数组中，即"while(!((ch1=getchar())>=48&&ch1<=59)) name[i][len++]=ch1;"，否则读取到 time 数组中。

按时间顺序依次输出总冠军的球队，采用选择排序的方法对 time 数组以及对应的 name 数组进行从小到大的排序，字符数组的大小比较可以通过比较函数"strcmp(字符数组 s1,字符数组 s2)"进行，如果字符数组 s1>字符数组 s2，则返回一个正整数；如果字符数组 s1= 字符数组

s2，返回 0；如果字符数组 s1<字符数组 s2，返回一个负整数。当条件"(strcmp(time[i],time[j])>0)"成立时，则需要分别交换字符数组 time[i] 与 time[j] 及 name[i] 与 name[j] 中所存储的字符序列，我们使用字符串复制函数"strcpy(字符数组 s1，字符数组 s2)"，即将字符数组 s2 的值复制给字符数组 s1 来加以实现，如"strcpy(ch,time[i]); strcpy(time[i],time[j]); strcpy(time[j],ch);"。需要注意的是，使用 strcpy 函数时，字符数组 s2 的长度不能超过 s1。

使用字符串函数需要调用 cstring 库，当然，如果是对字符数组 s1 和字符数组 s2 的前 n 个字符进行比较，则可以使用"strncmp(字符数组 s1，字符数组 s2，长度 n)"函数，类似地，"strncpy(字符数组 1，字符数组 2，长度 n)"函数可实现将字符数组 s2 的前 n 个字符复制到字符数组 s1。另一个字符串函数"strcat(字符数组 s1，字符数组 s2)"则可以将字符数组 s2 连接到字符数组 s1 后边，并返回字符数组 s1 的值。

最后，由于记忆的内容可能有重复，输出的结果又不能出现重复，因此可以利用"if(strcmp(time[i],time[i-1])==0) same[i]=1;"对重复的内容进行标记，最后判断输出即可。参考程序如下：

```
//p5-3-5
#include<cstdio>
#include<cstring>
using namespace std;
char name[51][100],time[51][100],ch[100],ch1,len;
bool same[51];
int main()
{
    int i,j,n;
    scanf("%d",&n);
    getchar();
    for(i=1;i<=n;i++)
    {
        len=0;
        while(!((ch1=getchar())>=48&&ch1<=59))
            name[i][len++]=ch1;
        len=0;
        time[i][len++]=ch1;
        while((ch1=getchar())!='\n')
            time[i][len++]=ch1;
    }
    for(i=1;i<=n-1;++i)
    {
        for(j=i+1;j<=n;++j)
        if(strcmp(time[i],time[j])>0)
        {
            strcpy(ch,time[i]);
```

```
            strcpy(time[i],time[j]);
            strcpy(time[j],ch);
            strcpy(ch,name[i]);
            strcpy(name[i],name[j]);
            strcpy(name[j],ch);
            }
        }
    for(i=1;i<=n;++i)
    {
            if(strcmp(time[i],time[i-1])==0) same[i]=1;
    }
    for(i=1;i<=n;++i)
        if(same[i]==0)
        printf("%s %s\n",time[i],name[i]);
    return 0;
}
```

2. 实践巩固

1）项链（necklace，1s，256MB）

【问题描述】

妹妹要过生日了，妈妈要送给妹妹一条特别的项链。项链由 n 种大写字母组成，每种字母都有不同的爱心值。妹妹已经知道了：

（1）组成整个项链的字母串；

（2）整个项链的爱心值之和 m；

（3）其中的 n-1 种字母所带有的爱心值 a；

她想知道剩下那种字母的爱心值。

【输入格式】

第一行，只有一个整数 n；

第二行，一个字母串 s 表示项链，长度≤1000；

第 2+1 ~ 2+n-1 行，每行有个大写字母 c 和一个整数 a，之前用个空格隔开，表示字母 c 所带的爱心值为 a；

最后一行，只有一个整数，表示整个项链的爱心值之和 m。

【输出格式】

剩下那个字母 c 带有的爱心值是多少（保留 2 位小数）？

【输入样例】

8

CEAAGCGDHFB

A 5

C 35

D 18

E 42

F 15

G 17

H 21

661

【输出样例】

451.00

【数据范围】

40% 的数据，项链长度≤ 10，并且没有重复字母；

80% 的数据，项链长度≤ 255，有重复字母；

100% 的数据，st 长度≤ 1000，有重复字母，n ≤ 26。

2）蚱蜢（grasshopper，1s，256MB）

【问题描述】

有一天，一只蚱蜢像往常一样在草地上愉快地跳跃，它发现了一条写满了英文字母的纸带，如图 5-3 所示。蚱蜢只能在元音字母 (A、E、I、O、U、Y) 间跳跃，一次跳跃所需的能力是两个位置的差。纸带所需的能力值为蚱蜢从纸带开头的前一个位置根据规则跳到纸带结尾的后一个位置的过程中，能力的最大值。在如图 5-3 所示的纸带中，所需的能力值最小是 4。任一纸带所需的能力值最小是多少？

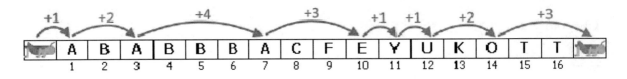

图 5-3 蚱蜢跳跃规则

【输入格式】

一行，一个字符串。

【输出格式】

一行，一个整数，代表最小能力值。

【输入样例】

ABABBBACFEYUKOTT

【输出样例】

4

【数据范围】

对于 100% 的数据，字符串长不超过 100。

3）西藏难题（tibit，1s，256MB）

【问题描述】

以前，西藏是农奴社会，每个农奴主都拥有数目众多的农奴，这些农奴的整个生命都是农奴主的，农奴主可以随便处死任意一名农奴。解放西藏时，政府为了保持农奴主的利益和西藏的和平，并没有立刻废除农奴制度，一些农奴主没有丝毫改变旧习惯，打死农奴的情况时有发生。有一天，一个农奴主又在为难农奴们了，他把家里每一条牦牛背上都写上了一个数字（0～9），然后把任意一些牛排在一起，这样就组成了一个多位数字。

现在他甩给大家的难题是，对于牛组成的这个多位数字，他每次会扔出几颗石头，扔出几颗石头就表示需要农奴们从那排牛中赶走多少头牛，这样剩下的牛不改变顺序又组成了一个新的数字，他的要求是，这个新的数字必须要最小。如果大家完成不了他的难题，那么每个农奴都要挨打。你能帮助那些农奴们吗？请编写一个程序完成这项任务，然后夺下农奴主手里的皮鞭。

【输入格式】

N I（N 是由牛背上的数字排成的多位数，已知牛的数量最少为 2，最多为 100；I 表示扔出的石头的数量，即要从牛中赶走 I 头牛）。

【输出格式】

S（赶走 I 头牛后剩下的牛组成的数字，要求这个新的数字最小）。

【输入样例】

1432 2

【输出样例】

12

4）扫雷游戏（mine，1s，256MB）

【问题描述】

扫雷游戏是一款十分经典的单机小游戏。在 n 行 m 列的雷区中有一些格子含有地雷（称之为地雷格），其他格子不含地雷（称之为非地雷格）。玩家翻开一个非地雷格时，该格将会出现一个数字——提示周围格子中有多少个是地雷格。游戏的目标是在不翻出任何地雷格的条件下，找出所有的非地雷格。现在给出 n 行 m 列的雷区中的地雷分布，要求计算出每个非地雷格周围的地雷格数。注：一个格子的周围格子包括其上、下、左、右、左上、右上、左下、右下八个方向上与之直接相邻的格子。

【输入格式】

第一行是用一个空格隔开的两个整数 n 和 m，分别表示雷区的行数和列数。接下来 n 行，每行 m 个字符，描述了雷区中的地雷分布情况。字符'*'表示相应格子是地雷格，字符'?'表示相应格子是非地雷格，相邻字符之间无分隔符。

【输出格式】

n 行，每行 m 个字符，描述整个雷区。用'*'表示地雷格，用周围的地雷个数表示非地雷格，相邻字符之间无分隔符。

【输入样例】

3 3
*??
???
?*?

【输出样例】

*10
221
1*1

【数据范围】

对于 100% 的数据，$1 \leqslant n \leqslant 100$，$1 \leqslant m \leqslant 100$。

5.4 高精度计算

5.4.1 高精度加法

1. 知识讲解

在编制计算机程序进行数值计算时，有时数据特别大，计算的位数达到几十位甚至上百位，远远超过各种数据类型的极限值。这种情况下，就需要进行"高精度计算"。高精度计算以字符数组的形式读取数据，并倒序存储到整型等相对应类型的数组中，即将个位数存储在新数组的第一个位置，十位数存储在第二个位置，依次类推，最高位存储在最后一个位置，进而在加法及乘法运算中处理好进位问题，在减法运算中处理好借位问题等。

例1 加法天才（addition，1s，256MB）。

【问题描述】

小明喜欢玩数字加法的游戏。一天，他的数学老师为了考一考他的能力，出了一道这样的题：

要求他在短时间内计算出两个大数相加的结果。这两个大数可不是普通的数字，它们是 11 位以上的"庞然大物"。请你编程序，帮他解决这个问题。

【输入格式】

两行，分别是两个需要相加的数 A 和 B，这两个数在 10^{11} ~ 10^{150} 之间。

【输出格式】

1 行，是两个大数相加的结果。

【输入样例】

8569742356145896

215783669444444427

【输出样例】

224353411800590323

【问题分析】

以字符数组的方式读入两个需要相加的数 A 和 B，并利用 strlen 函数求得这两个字符数组的长度 la 及 lb，通过穷举的方式，将字符数组中的字符以数字的形式分别转存到两个整型数组 a 和 b 中，最高位（即字符数组的第一位）转存到新数组的最后位置，依次类推，个位转存到数组的第一个位置，即"for(int i=0;i<la;i++) a[la-i-1]=s1[i]-'0';"。然后模拟加法过程，从最低位开始一直到两个数组的最高位 lc，进行对应位 a_i 和 b_i 的相加，结果存储到新数组的对应位 c_i，即"c[i]=c[i]+a[i]+b[i];"，并处理进位。最后从高位到低位依次输出 c_i。参考程序如下：

```
//p5-4-1
#include<cstdio>
#include<cstring>
using namespace std;
char s1[200],s2[200];
int a[200],b[200],c[205],la,lb,lc;
int main()
{
    scanf("%s",s1);
    scanf("%s",s2);
    la=strlen(s1);
    lb=strlen(s2);
    for(int i=0;i<la;i++)
        a[la-i-1]=s1[i]-'0';   // 将字符数组 a 转成数字存储
    for(int i=0;i<lb;i++)
        b[lb-i-1]=s2[i]-'0';   // 将字符数组 b 转成数字存储
    lc=la>lb?la:lb;   // 求 a 和 b 数组的最长长度，即最高位
    for(int i=0;i<lc;i++)
```

```
    {
        c[i]=c[i]+a[i]+b[i];      // 对应位相加，包括上一次运算产生的进位
        if(c[i]>=10)
        {
            c[i+1]=1;             // 向高位进位
            c[i]=c[i]-10;         // 存储第 i 位的值
        }
    }
    if(c[lc]>0) lc++;            // 处理最高位进位
    for(int i=lc-1;i>=0;i--)     // 从最高位开始依次输出数字
    {
        printf("%d",c[i]);
    }
    return 0;
}
```

2. 实践巩固

义务植树（tree，1s，256MB）

【问题描述】

3月12日植树节到了，小明的班主任带着全班同学到白云山义务植树。小明还没有去过白云山，心里想这下可以好好玩一下了。好不容易到了白云山，找到预先安排的地方，班主任把工具分发下去，拿出一张图纸（如下）展示给大家看，并说明要求：我们班所有同学植的树要成一个等腰三角形，等腰三角形的两条腰上按顺序都是植1棵树，其他位置植树棵数等于它的左上角和右上角所植树的和。全班同学一定不能弄错，要分工协作，发扬团结互助的精神，把这次植树活动做好。

```
            1
          1   1
        1   2   1
      1   3   3   1
    1   4   6   4   1
```

小明负责本小组植树棵数的计算，例如第 i 行第 j 个位置应植多少棵树。小明认真看了一下图纸，傻眼了，这该怎么计算啊？原来还想好好玩一玩，这下可惨了。你能帮助小明完成计算任务吗？

【输入格式】

一行，i 和 j 两个数 $(1 \leq i, j \leq 101, j \leq i)$，中间隔一个空格，表示植树位置为第 i 行第 j 个位置（从左往右数第 j 个）。

【输出格式】

只有一个数：所求位置上应植数的棵数 n。

【输入样例】

5 3

【输出样例】

6

5.4.2 高精度减法

1. 知识讲解

例 2 减法神童 (subtraction, 1s, 256MB)。

【问题描述】

在科学城里住着一位减法神童，他可以在一秒钟内算出两个数相减的结果。这两个数不是普通的数字，它们是 11 位以上的"庞然大物"。为了证明自己神奇的计算能力，减法神童请全城的人都来出题考自己，只要答错一题他就自愿放弃"减法神童"的称号。你想考考减法神童吗？还是先编写一个程序帮我们算出任意两个 11 位以上的数相减的精确结果吧。

【输入格式】

第 1 行是被减数 A，第 2 行是减数 B（A、B 的位数大于 11，小于 200）。

【输出格式】

A–B 的结果。

【输入样例】

5894379463257

1245648324567

【输出样例】

4648731138690

【问题分析】

以字符数组的方式读入两个需要相减的数 A 和 B。为保证被减数大于减数，进行运算前，如果字符数组 s1 的长度小于 s2 或者两者长度一致但是 s1 的值小于 s2，即 "(strlen(s1)<strlen(s2)||(strlen(s1)==strlen(s2)&&strcmp(s1,s2)<0))"，表示被减数小于减数，需要相互交换并输出"-"。然后利用 strlen 函数求得这两个字符数组的长度 la 及 lb，并以数字的形式分别转存到两个整型数组 a 和 b 中。然后模拟减法过程，从最低位开始一直到两个数组的最高位 lc，进行对应位 a[i] 和 b[i] 的相减，结果存储到新数组的对应位 c[i]，即 "c[i]=a[i]-b[i];"，并处理借位问题。最后

在去掉前导 0 后，从高位到低位依次输出 c[i]。参考程序如下：

```
//p5-4-2
#include<cstdio>
#include<cstring>
using namespace std;
char s1[200],s2[200],s3[200];
int a[200],b[200],c[205],la,lb,lc;
int main()
{
    scanf("%s",s1);
    scanf("%s",s2);
    if(strlen(s1)<strlen(s2)||(strlen(s1)==strlen(s2)&&strcmp(s1,s2)<0))
    {
        strcpy(s3,s1);
        strcpy(s1,s2);
        strcpy(s2,s3);
        printf("-");        // 交换了减数和被减数，结果为负数
    }
    la=strlen(s1);
    lb=strlen(s2);
    for(int i=0;i<la;i++)
        a[la-i-1]=s1[i]-'0';
    for(int i=0;i<lb;i++)
        b[lb-i-1]=s2[i]-'0';
    lc=la>lb?la:lb;
    for(int i=0;i<lc;i++)
    {
        if(a[i]<b[i])    // 不够减，那么向高位借 1 当 10

        {
            a[i]=a[i]+10;
            a[i+1]=a[i+1]-1;
        }
        c[i]=a[i]-b[i];
    }
    while(c[lc]==0&&lc>0) lc--;        // 最高位的 0 不输出
    for(int i=lc;i>=0;i--)
    {
        printf("%d",c[i]);
    }
    return 0;
}
```

2. 实践巩固

密码（password，1s，256MB）

【问题描述】

人们在做一个破译密码游戏：有两根密码棒分别是红色和蓝色，把红色密码棒上的数字减去蓝色密码棒上的数字，就是开启密码锁的密码。现已知密码棒上的数字位数不超过 20000 位，请在一秒内求出密码。

【输入格式】

两行，每行有一个正整数。

【输出格式】

一个正整数，为输入的两个正整数中较大者减去较小者的差值。

【输入样例】

135477

67122

【输出样例】

68355

【数据范围】

30% 的数据，两个数均小于 2×10^{9}；

70% 的数据，第一个数大于第二个数；

50% 的数据，两个数均小于 1×10^{16}；

100% 的数据，两个数均小于 1×10^{20000}。

5.4.3 高精度乘法

1. 知识讲解

例 3 乘法高手 1（multiplication，1s，256MB）。

【问题描述】

数学老师要求小明计算两个很大的数的乘积，由于这两个数字太大导致普通计算器都无法完成。

【输入格式】

两行，是两个 10^{100} 以内的自然数。

【输出格式】

两数相乘的结果。

【输入样例】

578474357954668

12435124571

【输出样例】

7193400702295541350947428

【问题分析】

以字符数组的方式读入两个需要相乘的数 A 和 B，然后利用 strlen 函数求得这两个字符数组的长度 la 及 lb，并以数字的形式分别转存到两个整型数组 a 和 b 中。然后模拟乘法过程，从 a 数组的最低位 a[i] 开始一直到最高位 a[la-1]，逐位与 b 数组中的每一位 b[j] 相乘，结果存储到新数组的对应位 c[i+j]，并处理好进位问题，即"c[i+j]=c[i+j]+a[i]*b[j]+jw; jw=c[i+j]/10; c[i+j]=c[i+j]%10;"，其中，jw 表示上一次相乘所产生的进位，因此，在用数组 a 的某一位 a[i] 与数组 b 逐位相乘之前，需要先将值初始化为 0，并在每次完成数组 b 的穷举后，对应存储到当前最高位 c[i+lb]。最后在去掉前导 0 后，从高位到低位依次输出 c[i]。参考程序如下：

```cpp
//p5-4-3
#include<cstdio>
#include<cstring>
using namespace std;
char s1[200],s2[200];
int a[200],b[200],c[205],la,lb,lc,jw;
int main()
{
    scanf("%s",s1);
    scanf("%s",s2);
    la=strlen(s1);
    lb=strlen(s2);
    for(int i=0;i<la;i++)
        a[la-i-1]=s1[i]-'0';
    for(int i=0;i<lb;i++)
        b[lb-i-1]=s2[i]-'0';
    lc=la>lb?la:lb;
    for(int i=0;i<la;i++)
    {
        jw=0;
        for(int j=0;j<lb;j++)
        {
```

```
                c[i+j]=c[i+j]+a[i]*b[j]+jw;    // 原数 + 当前乘积 + 上次乘积进位
                jw=c[i+j]/10;
                c[i+j]=c[i+j]%10;
            }
            c[i+lb]=jw;    // 最后进位存储到当前最高位
        }
        lc=la+lb;
        while(c[lc]==0&&lc>0) lc--;
        for(int i=lc;i>=0;i--)
        {
            printf("%d",c[i]);
        }
        return 0;
}
```

例 4　乘法高手 2（multiplication2，1s，256MB）。

【问题描述】

数学老师要求小明计算 N！的精确值。

【输入格式】

一个整数 n（n ≤ 200）。

【输出格式】

输出计算结果。

【输入样例】

15

【输出样例】

1307674368000

【问题分析】

穷举 1 到 n。对于整数 i，用存储前一个整数 i-1 累积结果的数组的每一位，从低位开始逐位与整数 i 相乘，一直到当前数组最高位 la，并同时处理所有数组元素的进位。最后，如果 a[la+1]>0，则利用 while 语句处理进位并同时更新 la，即 "while(a[la+1]>0){ la++; a[la+1]=a[la]/10; a[la]=a[la]%10; }"。参考程序如下：

```
//p5-4-4
#include<cstdio>
using namespace std;
int a[10000],la,n;
int main()
```

```
{
    scanf("%d",&n);
    a[1]=1;
    la=1;
    for(int i=2;i<=n;i++)
    {
        for(int j=1;j<=la;j++)
            a[j]=a[j]*i;
        for(int j=1;j<=la;j++)
        {
            if(a[j]>=10)
            {
                a[j+1]=a[j+1]+a[j]/10;
                a[j]=a[j]%10;
            }
        }
        while(a[la+1]>0)
        {
            la++;
            a[la+1]=a[la]/10;
            a[la]=a[la]%10;
        }

    }
    for(int i=la;i>=1;i--)
    {
        printf("%d",a[i]);
    }
    return 0;
}
```

2. 实践巩固

1）乘积根（root，1s，256MB）

【问题描述】

   一个整数的数字乘积根是这样得到的：将此整数中的非零数字相乘，得到的结果再重复上述运算，直到只有一位数为止，此一位数即为原整数的数字乘积根。例如：整数 99，$99 \rightarrow 9 \times 9 = 81 \rightarrow 8 \times 1 = 8$，8 即为 99 的乘积根。

【输入格式】

   一个 n 位的整数 (n ≤ 255)。

【输出格式】

有若干行，每行显示每次数字相乘之后的结果，最后一行只有一个一位数，即 n 的乘积根。

【输入样例】

99

【输出样例】

81

8

2）穿越丛林（through，1s，256MB）

【问题描述】

小明是一位富有冒险精神又很喜欢研究数学的孩子。有一天，他到一片丛林探险，这里的树上长有像 0、4、6、8、9 这样形状的洞，他要想穿过丛林，必须从这些树洞里钻过去。这时他忽然萌生了一个特别的想法：统计穿越丛林道路的条数。现在他已经知道了要经过丛林道路所经过的 n 棵树的顺序，以及与每棵树上的树洞的形状的数字。

【输入格式】

第一行，一个整数 n，表示丛林中有洞的数的棵数。

第二行，n 个被空格隔开的数 t[i]，表示第 i 棵树长得像的数字。

【输出格式】

只有一行，为路径条数。

【输入样例】

5

0 0 0 6 8

【输出样例】

2

【数据范围】

30% 的数据，1 ≤ n ≤ 50；

60% 的数据，1 ≤ n ≤ 500；

90% 的数据，1 ≤ n ≤ 5000；

100% 的数据，1 ≤ n ≤ 50000；

其中：t[i] ∈ (0,4,6,8,9)，即 t[i] 属于 (0,4,6,8,9) 中的某个数。

5.4.4 高精度除法

1. 知识讲解

例5 除法强人（division，1s，256MB）。

【问题描述】

计算 A/B 的精确值。设 A、B 是以 int 类型输入，计算结果精确到小数后 20 位。

【输入格式】

一行，两个整数，a 和 b。

【输出格式】

先输出"A/B="，再紧接着输出计算结果。

【输入样例】

4 3

【输出样例】

4/3=1.33333333333333333333

【问题分析】

观察分析数学中的短除法可知，小数点后的每一位数字 s[i] 等于前面的余数乘以 10 再除以 m 的商，即 s[i]=y[i-1]×10/m。参考程序如下：

```cpp
//p5-4-5
#include<cstdio>
using namespace std;
int n,m,b[100],s[100],y[100];
int main()
{
    scanf("%d%d",&n,&m);
    b[0]=n;
    s[0]=n/m;
    y[0]=n%m;
    printf("A/B=");
    printf("%d",s[0]);
    if(y[0]!=0) printf(".");   // 如果 m 不能整除 n，则输出小数点
    for(int i=1;i<=20;i++)   // 精确到小数点后 20 位
    {
        if(y[i-1]==0) break;
```

```
        b[i]=y[i-1]*10;    // 新的被除数 = 上一个余数 *10
        s[i]=b[i]/m;       // 商 = 被除数 / 除数
        printf("%d",s[i]);
        y[i]=b[i]%m;       // 余数 = 被除数 % 除数
    }
    return 0;
}
```

2. 实践巩固

函数（function，1s，256MB）

【问题描述】

数学课上老师定义了一个函数 $f(n)=1/2 + 1/3 + \cdots + 1/n + 1/(n+1)$，现在给了一个浮点数 c，求使得 $f(n) \geq c$ 的最小的整数 n。

【输入格式】

多组测试数据（不超过 10 组），每组包含一个浮点数 c（$c \leq 5.2$）。特别地，c=0.0 表示结束。

【输出格式】

对于每组测试数据，输出一个整数 n。

【输入样例】

1.00

3.71

0.04

5.19

0.0

【输出样例】

3

61

1

273

第6章

函　数

　　在程序设计过程中，我们会发现某些程序段在程序的不同地方反复出现。这些程序段相对独立并且能实现某一具体、完整的功能，此时我们用一个标识符给它们命名，凡是在程序中出现该程序段的地方，只要写上其标识符即可，这样的程序段，我们称之为子程序，在 C++ 中我们称之为函数。事实上，当我们解决一个复杂的问题时，往往会将问题分解成多个相对独立的子问题，使用函数解决这些子问题能够在一定程度上减少代码的重复编写，提高程序开发的效率。

　　C++ 程序是由一个或者多个函数组成的，其中有且只有一个函数 main()，称为主函数。由主函数调用其他函数来完成程序的特定功能，当然其他函数之间也可以按照一定的规则相互调用。前面我们已经学习了不少 C++ 标准函数，如 abs()，sqrt()，getchar() 等，而这些标准函数并不能满足所有需求，这个时候就需要我们根据需求编写相应的"自定义函数"。例如：求阶乘和问题 1！+2！+3！+…+n！，假如能有一个函数 jc(x) 用于求 x 的阶乘，那么问题就很容易解决。可是，C++ 系统不提供 jc(x) 这样的函数，所以这个时候就需要自己编写这样的函数了。

6.1 函　　数

C++ 规定，自定义函数必须"先声明、定义，后使用"。

6.1.1　函数的声明与定义

知识讲解

在调用函数前先要声明函数原型，在主函数前或者所有函数定义前，按如下格式声明：

函数返回值类型　函数名（含有类型说明的形参表）

如果是在所有函数之前声明函数原型，那么该函数在本程序的任何位置都有效；如果函数原型声明在某个主调函数内部，那么该原型就只能在这个函数内部有效。下面对 jc() 函数原型的声明都是合法的：

```
int jc(int x);
```

或

```
int jc(int);
```

而定义函数的语法形式如下：

返回值数据类型　函数名（形式参数表）

```
{
        函数体
}
```

关于函数定义的几点说明如下。

（1）定义函数中的"返回值数据类型"，是指一个函数结束后返回给调用者的一个"返回值"的数据类型，这些数据类型一般是前面介绍过的 int、double、char 等，而有些函数的功能是执行一系列操作，不返回任何值，则数据类型关键字是 void。

（2）函数名是标识符，一个程序中除了主函数名必须为"main"外，其余函数名按照标识符的取名规则命名。

（3）形式参数表（形参表）可以为空，即无参函数；也可以有多个参数，参数之间用逗号隔开；不管有没有参数，函数名后面的括号不能省略。每个参数必须由参数数据类型和参数名组成。形参可以是变量、数组或者指针，它的作用是实现主调函数和被调函数之间的联系。

（4）函数体是实现函数功能的复合语句，它可以没有任何的类型说明，而只有语句；也可以两者都没有，即空函数。函数不允许嵌套定义，在一个函数内定义另一个函数是非法的，但是允许嵌套使用。除了返回值类型是"void"的函数，其他函数的函数体中至少还有一条语句"return

表达式；"用于返回函数的值。

根据上述定义，我们知道 C++ 函数形态有以下四种结构。

（1）返回值类型 函数名（形参表）。

（2）返回值类型 函数名（）。

（3）void 函数名（形参表）。

（4）void 函数名（）。

例 1　编写一个阶乘的函数，函数名取 jc。

```
//p6-1-1
int jc(int x)            // 函数名 jc，形参 int x
{                       //{} 中是函数的函数体
        int s=1;
        for(int i=1;i<=x;++i)
                s*=i;
        return s;
}
```

在本例子中，函数名是 jc，只有一个 int 类型的形参 x，函数 jc 返回值的数据类型是 int 型；函数中要用到两个变量 i，s。在函数体中，是一个求阶乘的语句，x 的阶乘保存在 s 中，最后由 return 语句将计算结果 s 值带回，jc() 函数执行结束，在主函数中 jc() 值就是 s 的值。

例 2　编写函数，输出斐波那契数列的第 n 项。

其中斐波那契数列 f(n) 的定义如下：

$$\begin{cases} f(1)=0, f(2)=1 \\ f(n)=f(n-1)+f(n-2) \ (n>2) \end{cases}$$

【问题分析】

因为该函数不需要返回值，只是需要输出 f(n) 即可，所以该函数的返回值类型为 void，函数体部分只需要计算出 f(n)，再输出即可。参考程序如下：

```
//p6-1-2
void f(int n)
{
        if(n<=2) cout<<n-1<<endl;
        else
        {
                long long a1,a2,a3;
                a1=0;a2=1;
                for(int i=3;i<=n;i++)
                {
                        a3=a1+a2;
                        a1=a2;
```

创客教育系列丛书　初中第三册

```
                    a2=a3;
                }
                cout<<a3<<endl;
        }
}
```

6.1.2　函数的调用

声明了函数后，便可以按以下形式调用函数：

函数名（实参列表）

以阶乘和为例子，其完整的代码如下：

```
//p6-1-3
#include<iostream>
using namespace std;
int jc(int x);    // 函数原型的声明
int main()
{
        int s=0;
        for(int i=1;i<=10;i++)
                s+=jc(i);     // 函数的调用
        cout<<s;
        return 0;
}
int jc(int x)            // 定义函数名 jc，形参 int x
{                         //{} 中是函数的函数体
        int s=1;
        for(int i=1;i<=x;++i)
                s*=i;
        return s;
}
```

可见，实参表中的参数应该和函数原型的形参表参数个数相同、数据类型相符。在主函数中的参数称为实参，是一个确定值。实参可以是常量、表达式，也可以是有确定值的变量、数组、指针名。

6.1.3　函数的参数传递

参数是函数与函数之间实现通信的数据"接口"。函数调用的过程就是主调函数带着实参（如果有）执行函数，将实参"传递"给形参；被调函数体执行完毕后，将计算结果传递回主调函数（如果有）。

（1）传值调用：函数通过实参单向传递数据给形参。前面两个例子都是采用了传值调用的形式，函数被调用时，用复制实参的办法得到实参的副本并传递给形参，改变形参的值并不会影响外部实参的值。参数传递的方向只能是从实参到形参，是一个单向传递。

例3　编写函数，交换两个变量的值。

```
//p6-1-4
#include<iostream>
using namespace std;
void swap(int x,int y);
int main()
{
        int a,b;
        cin>>a>>b;
        swap(a,b);
        cout<<a<<" "<<b<<endl;
        return 0;
}
 void swap(int x,int y)
{
        int t;
        t=x;x=y;y=t;
}
```

输入 1 和 2，运行程序，输出结果依旧为 1 和 2。可见，此程序中，虽然在函数 swap 中已经交换了实参 a 和 b 的副本 x 和 y 的值，而主函数中的 a、b 的值并没有交换，所以并没有达到我们的交换的目的。

（2）传址调用：定义函数时，在变量类型符号之后、形参前添加"&"符号，则该参数就是引用参数。这样就改变了参数传递的机制，引用参数会直接关联到其所绑定的对象，而并非是这些对象的副本。实际上，这种传递方式就是将实参的地址传递给形参。这时形参就是指针，它指向实参的地址，这就提供了一种可以改变实参变量的值的方法。我们用传址调用的方式实现上述例子的两个值的交换，参考代码如下：

```
//p6-1-5
#include<iostream>
using namespace std;
void swap(int &x,int &y);
int main()
{
        int a,b;
        cin>>a>>b;
```

创客教育系列丛书 初中第三册

```
        swap(a,b);
        cout<<a<<" "<<b<<endl;
    return 0;
}
 void swap(int &x,int &y)
{
        int t;
        t=x;x=y;y=t;
}
```

输入 1 和 2，运行程序，输出结果为 2 和 1。程序中的语句"swap(a,b);"和"void swap(int &x,int &y);"，相当于系统把实参 a 和 b 的地址传送给了形参 x 和 y，即在函数 swap 中，x 是 &a 的符号地址，y 是 &b 的符号地址。

6.1.4 变量的作用域

作用域，简单来说就是所定义的变量可以使用的代码范围。作用域的使用提高了程序逻辑的局部性，增强了程序的可靠性，减少了名字冲突。C++ 程序中的变量按作用域来分，有全局变量和局部变量两种类型。

其中，在函数外部定义的变量称为全局变量，其作用域是从变量定义的位置开始到程序结束，程序中的任意一个函数都可以使用。

例4　输入两个正整数，函数编程计算两个数的最小公倍数。

```
//p6-1-6
#include<iostream>
using namespace std;
int x,y;                        // 定义全局变量x，y
int gcd(int x,int y)            // 求最大公约数，形参x，y是局部变量
{
        int r=x%y;              // 定义局部变量r，局部变量x，y屏蔽全局变量
        while(r!=0)
        {
                x=y;y=r;
                r=x%y;
        }
        return y;
}
int lcm()
{
        return x*y/gcd(x,y);
}
```

```
int main()        // 函数 gcd() 和 lcm() 在 main() 函数前不必声明
{
        cin>>x>>y;              //x, y 是全局变量
        gcd(x,y);
        cout<<lcm()<<endl;
        return 0;
}
```

输入 8 和 12，运行程序，输出结果 24。需要注意以下几点。

（1）在函数的内部，既可以使用本函数定义的局部变量，也可以使用在此函数前定义的全局变量。

（2）全局变量的作用使得函数间多了一种传递信息的方式。如果在一个程序中多个函数都要对同一个变量进行处理，可以将这个变量定义成全局变量，如上述例子中的全局变量 x、y，使用非常方便。

（3）全局变量在程序执行的过程中一直占用内存单元。

（4）全局变量在定义时若没有赋初值，则默认为 0。

（5）过多地使用全局变量，会增加调试的难度。因为多个函数都能改变全局变量的值，不易判断某个时刻全局变量的值。

（6）过多地使用全局变量，会降低程序的通用性。如果将一个函数移植到另一个程序中，需要将全局变量一起移植过去，同时还可能会出现重名问题。

定义在函数内部，作用域为局部的变量称为局部变量，函数的形参也是局部变量。局部变量的存储空间是临时分配的，当函数执行完毕，局部变量的空间就被释放，其中的值无法保留到下次使用。

（1）主函数 main 中定义的变量也是局部变量。

（2）局部变量的作用域仅限于本函数内部。所以，不同函数中的变量名可以相同，它们代表的是不同的对象，互不干扰。

（3）一个局部变量和一个全局变量是可以重名的，在相同的作用域内，局部变量有效时全局变量无效，即局部变量可以屏蔽全局变量。

（4）全局变量数组初始值为 0；局部变量的初始值是随机的，要初始化处置，局部变量受栈空间大小限制。简单地说，局部变量的数组不能开很大。

6.1.5 函数的综合应用

1. 知识讲解

前面学习了函数的定义、调用、参数传递等知识点，本节通过几个例子来学习函数在解决实际问题中的应用。

例5 编写一个判断素数的函数，输入一个数，判断它是否是素数，是输出 yes，不是输出 no。

【问题分析】

对于任意整数 i，根据素数定义，我们从 2 开始，到 sqrt(i)，找 i 的第一个约数，若找到第一个约数，则 i 必然不是素数。参考程序如下：

```
//p6-1-7
#include<cstdio>
#include<cmath>
int prime(int x);  // 对于函数的声明
int main()
{
        int n;
        scanf("%d",&n);
        if (prime(n))
          printf("%s\n","yes");
        else
          printf("%s\n","no");
        return 0;
}
int prime(int x)                              // 判断 x 是否是素数的函数
{
        int j;
        if (x==2) return 1;
        j=2;
        while(j<=sqrt(x) && x%j!=0)
        j++;
        if (x%j == 0)
           return 0;
        else
           return 1;
}
```

例6 编写一个给一个分数约分的程序。

参考程序如下：

```
//p6-1-8
#include<iostream>
  #include<iomanip>
  using namespace std;
  void common(int x,int y);
```

```
 int main()
 {
     int a,b;
     cin>>a>>b;
     common(a,b);
 }
 void common(int x,int y)
 {    int m=x,n=y,r;        // 用辗转相除法求x,y的最大公约数
     do
         {    r=m%n;
             m=n;
             n=r;
         }while (r!=0);
     x/=m;                  // 用两者的最大公约数i对x,y进行约分
     y/=m;
     cout<<setw(5)<<x<<setw(5)<<y<<endl;
 }
```

例7　用冒泡法对数组元素按由小到大排序（数组作为函数参数）。

【问题分析】

在前面我们已经知道数组名是该数组在内存的首地址。将数组名作为参数传给函数，实际上是把数组的地址传给函数。形参数组和实参数组的首地址重合，因此在被调用函数中对数组元素值进行改变，主调函数中实参数组的相应元素值也会改变。参考程序如下：

```
//p6-1-9
#include<iostream>
using namespace std;
void bubble(int[],int); // 相当于 void bubble(int a[],int n);
int main()
{                                 // 大数组应为全局变量
        int array[10]={11,4,55,6,77,8,9,0,7,1};
        for (int i=0; i<10; ++i)
             cout<<array[i]<<',';
        cout<<endl;
        bubble(array,10);
        for (int i=0; i<10; ++i)
             cout<<array[i]<<',';
             cout<<endl;
        return 0;
}
void bubble(int a[],int n)
```

```
{
        for (int i=1; i<n; ++i)
        {
                for (int j=0; j<n-i;++j)
                if (a[j]>a[j+1])              // 判断并交换变量
                {
                        int temp=a[j]; a[j]=a[j+1];
                        a[j+1]=temp;
                }
        }
}
```

2. 实践巩固

1）我家的门牌号（house，1s，256MB）

【问题描述】

我家住在一条短胡同里，这条胡同的门牌号从 1 开始顺序编号。已知其余各家的门牌号之和减去我家门牌号的两倍，恰好等于 n，求我家的门牌号及总共有多少家。数据保证有唯一解。

【输入格式】

一个正整数 n，n<100000。

【输出格式】

一行，包含两个正整数，分别是我家的门牌号及总共有多少家，中间用单个空格隔开。

【输入样例】

100

【输出样例】

10 15

2）素数对（primes，1s，256MB）

【问题描述】

两个相差为 2 的素数称为素数对，如 5 和 7，17 和 19 等，本题目要求找出所有两个数均不大于 n 的素数对。

【输入格式】

一个正整数 n，$1 \leqslant n \leqslant 10000$。

【输出格式】

所有小于等于 n 的素数对。每对素数对输出一行，中间用单个空格隔开。若没有找到任何素数对，输出 empty。

【输入样例】

100

【输出样例】

3 5

5 7

11 13

17 19

29 31

41 43

59 61

71 73

3）单词替换（replace，1s，256MB）

【问题描述】

输入一个字符串，以回车结束（字符串长度≤100）。该字符串由若干个单词组成，单词之间用一个空格隔开，所有单词区分大小写。现需要将其中的某个单词替换成另一个单词，并输出替换之后的字符串。

【输入格式】

第1行是包含多个单词的字符串 s；

第2行是待替换的单词 a(长度≤100)；

第3行是 a 将被替换的单词 b(长度≤100)。

s、a、b 最前面和最后面都没有空格。

【输出格式】

输出只有1行，将 s 中所有单词 a 替换成 b 之后的字符串。

【输入样例】

You want someone to help you

You

I

【输出样例】

I want someone to help you

4）统计单词数（words，1s，256MB）

【问题描述】

一般的文本编辑器都有查找单词的功能，该功能可以快速定位特定单词在文章中的位置，

有的还能统计出特定单词在文章中出现的次数。

现在请你编程实现这一功能，具体要求是：给定一个单词，请你输出它在给定的文章中出现的次数和第一次出现的位置。注意：匹配单词时，不区分大小写，但要求完全匹配，即给定单词必须与文章中的某一独立单词在不区分大小写的情况下完全相同（参见样例1），如果给定单词仅是文章中某一单词的一部分则不算匹配（参见样例2）。

【输入格式】

第1行为一个字符串，其中只含字母，表示给定单词；

第2行为一个字符串，其中只可能包含字母和空格，表示给定的文章。

【输出格式】

只有一行，如果在文章中找到给定单词则输出两个整数，两个整数之间用一个空格隔开，分别表示单词在文章中出现的次数和第一次出现的位置（即在文章中第一次出现时，单词首字母在文章中的位置，位置从0开始）；如果单词在文章中没有出现，则直接输出一个整数 -1。

【输入样例1】

To

to be or not to be is a question

【输出样例1】

2 0

【输入样例2】

to

Did the Ottoman Empire lose its power at that time

【输出样例2】

-1

6.2 递归函数

6.2.1 递归函数的定义

函数的使用过程中，其内部操作又直接或者间接地出现对自身的调用，则称这样的程序嵌套为递归函数。在程序中，递归是通过函数的调用来实现的，函数直接调用其自身，称为直接递归；函数间接调用其自身，称为间接递归。

递归通常把一个大型复杂的问题层层转化为一个与原问题相似的规模较小的问题来求解，

创客教育系列丛书 初中第三册

递归策略只需少量的程序就可描述出解题过程所需要的多次重复计算，大大地减少了程序的代码量，用递归思想写出的程序往往十分简洁易懂。需要注意的是，程序中的递归函数是有递归终止条件的。

因此，归纳起来，递归函数有两大要素。

（1）递归关系式：对问题进行递归的公式。

（2）递归终止条件：当满足该条件时以某种特殊情况结束递归，而不是用递归关系式。

例1　用递归函数求 x!。

$$x! = \begin{cases} 1 & x=1时 \\ x(x-1)! & x>1时 \end{cases}$$

【问题分析】

根据数学中的定义把求 x! 定义为求 x(x-1)!，其中求 (x-1)! 仍采用求 x! 的方法，需要定义一个求 x! 的函数，逐级调用此函数，即：当 x=1 时，x!=1；当 x>1 时，x!=x(x-1)！。

假设用函数 Fac(x) 表示 x 的阶乘，当 x=3 时，Fac(3) 的求解方法可表示为：

Fac(3)=3*fac(2)=3*2*Fac(1)=3*2*1*Fac(0)=3*2*1*1=6

（1）定义函数 int fac(int n)，如果 n=1，则 fac=1；如果 n>1，则继续调用函数 "fac= n*fac(n-1)"；

（2）回主程序，打印 fac(x) 的结果。

参考程序如下：

```
//p6-2-1
#include<iostream>
  using namespace std;
      int fac(int );
      int main()
      {
          int x;
          cin>>x;
          cout<<fac(x)<<endl;          // 主程序调用 fac(x) 求 x！
          return 0;
      }
      int fac(int n)                   // 函数 fac(n) 求 n！
      {
          If(n==1) return 1;
          Else return n*fac(n-1);
}
```

以 x=5 例子进行分析该程序的递归过程，如图 6-1 所示。

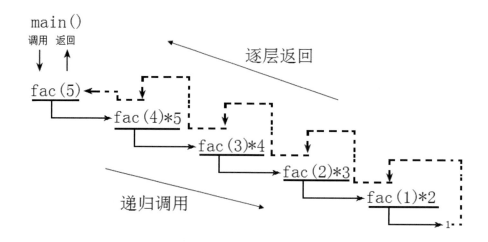

图 6-1　递归过程

1. 知识讲解

例 2　用递归方法求两个数 m 和 n 的最大公约数 (m>0，n>0)。

【问题分析】

方法 1：求两个数的最大公约数，可以用枚举因子的方法，从两者中较小的数枚举到能被两个数同时整除且是最大的约数的方法；也可以用辗转相除法，这里采用递归实现辗转相除算法。

（1）求 m 除以 n 的余数；

（2）如果余数不为 0，则让 m=n，n= 余数，重复步骤（1），即调用子程序；

（3）如果余数为 0，则终止调用子程序；

（4）输出此时的 n 值。

参考程序如下：

```
//p6-2-2
#include<iostream>
using namespace std;
int gcd(int,int);
int main()
{   int m,n;
    cin>>m>>n;
    cout<<"gcd="<<gcd(m,n)<<endl;
    return 0;
}
int gcd(int m,int n)
```

```
    {
        return m%n==0?n:gcd(n,m%n);
    }
```

方法2：采用二进制最大公约数算法。

（1）递归终止条件：gcd(m,m)=m。

（2）递归关系式如下：

$$\begin{cases} \text{m<n 时：} gcd(m,n)=gcd(n,m) \\ \text{m 为偶数，n 为偶数：} gcd(m,n)=2 \times gcd(m/2,n/2) \\ \text{m 为偶数，n 为奇数：} gcd(m,n)=gcd(m/2,n) \\ \text{m 为奇数，n 为偶数：} gcd(m,n)=gcd(m,n/2) \\ \text{m 为奇数，n 为奇数：} gcd(m,n)=gcd(n,m-n) \end{cases}$$

该方法和方法1相比更适合求高精度数的最大公约数，因为只涉及除2和减法操作，而辗转相除法则需要用到高精度除法。参考程序如下：

```cpp
//p6-2-3
#include<iostream>
using namespace std;
int gcd(int m,int n)
{
    if(m==n)return m;                              // 递归终止条件
    if(m<n)return gcd(n,m);
    if(m%2==0)
    {       if(n%2==0)return 2*gcd(m/2,n/2);       //m 为偶数，n 为偶数
            else return gcd(m/2,n);                //m 为偶数，n 为奇数
    }
    else
    {       if(n%2==0)return gcd(m,n/2);           //m 为奇数，n 为偶数
            else return gcd(n,m-n);                //m 为奇数，n 为奇数
    }
}
int main()
{       int m,n;
    cin>>m>>n;
    cout<<gcd(m,n)<<endl;
    return 0;
}
```

例3 分解质因子（factor，1s，256MB）。

【问题描述】

输入一个正整数 n，用递归方法从小到大输出它的所有质因子（因子是质数）。

【输入格式】

一行一个正整数 n，$2 \leqslant n \leqslant 10000$。

【输出格式】

一行若干个正整数，两数之间用一个空格隔开，按从小到大顺序输出。

【输入样例】

18

【输出样例】

2 3 3

【问题分析】

显然，如果 n 等于 1，就无法再分解了。如果 n 大于 1，从整数 p（p 从 2 开始）开始试除，如果能被 p 整除，就得到一个质因子 p。问题就转化成对于整数 n/p，从 p 开始继续分解质因子。

如果不能被 p 整除，问题就转化为对于整数 n，从 p+1 开始分解质因子。所以，递归公式如图 6-2 所示。

$$zyz(n,p)= \begin{cases} n=1 & \text{返回} \\ n>1 & \begin{cases} n\%p=0 & \begin{cases} \text{输出p} \\ zyz(n/p,p) \end{cases} \\ n\%p \neq 0 & zyz(n,p+1) \end{cases} \end{cases}$$

图 6-2　分解质因子

参考程序如下：

```cpp
//p6-2-4
#include<iostream>
using namespace std;
bool first = true;
void zyz(int n,int p)
{
  if(n > 1)
  {
      if(n % p == 0)
      {
          if(first)
          {
              cout << p;
              first = false;
          }
          else cout <<" " << p;
```

```
            zyz(n/p,p);
            }
        else zyz(n,p+1);
        }
    }
int main()
{
    int n;
    cin >> n;
    zyz(n,2);
    cout << endl;
    return 0;
}
```

2. 实践巩固

（1）阿克曼 (Ackmann) 函数 A(m，n) 中，m，n 定义域是非负整数 (m ≤ 3，n ≤ 10)，函数值定义为：

$$
\begin{cases}
akm(m,n) = n+1 & m=0 \text{ 时} \\
akm(m,n) = akm(m-1,1) & m>0,n=0 \text{ 时} \\
akm(m,n) = akm(m-1,akm(m, n-1)) & m,n>0 \text{ 时}
\end{cases}
$$

（2）在程序中定义一个函数 digit(n,k)，它能分离出整数 n 从右边数第 k 个数字，如 digit(31859,3)=8，digit(2076,5)=0。

（3）用递归的方法求 Hermite 多项式的值（见图 6-3），对给定的 x 和正整数 n，求多项式的值。

$$
h_n(x) = \begin{cases}
1, & n = 0 \\
2x, & n = 1 \\
2xh_{n-1}(x) - 2(n-1)h_{n-2}(x), & n > 1
\end{cases}
$$

图 6-3 Hermite 多项式的值

第 7 章
递归与递推算法

在数学和计算机科学中，递归指由一种（或多种）简单的基本情况定义的一类对象或方法，并规定其他所有情况都能被还原为其基本情况；而递推是一种用若干步可重复运算来描述复杂问题的方法。这两种方法都被我们称为"算法"，也可说是最基础的算法。本章我们将学习递归与递推算法。

7.1 递 归 算 法

7.1.1 递归算法的基本思想

1. 知识讲解

递归的基本思想是某个函数直接或者间接地调用自身，这样就把原问题的求解转换为许多性质相同但是规模更小的子问题。我们只需要关注如何把原问题划分成符合条件的子问题，而不需要去研究这个子问题是如何被解决的。递归和枚举的区别在于：枚举是横向地把问题划分，然后依次求解子问题；而递归是把问题逐级分解，是纵向的拆分。有个语言上的例子：「从前有座山，山里有座庙，庙里有个老和尚，正在和小和尚谈笑风生：「从前有座山，山里有座庙，庙里有个老和尚，正在和小和尚谈笑风生：「从前有座山，山里有座庙，庙里有个老和尚，正在和小和尚谈笑风生：……」」」

计算机科学中的递归类似于数学中的数学归纳法，可以不断地缩小问题的规模，通过解决小问题后的返回值来解决大问题；但关键是要设计一个结束条件，如果没有的话，就会进入无穷无尽的自我调用，直到内存耗尽。

例如，对于一个顺序遍历并输出一个长度为 n 数组的问题，也可以使用递归：记录处理到的元素位置 i，当前若 i=n 则退出；否则输出 i 号元素，然后做 i+1 ~ n 的问题。

例 1　阅读程序，写出程序运行的结果。

```cpp
//p7-1-1
#include<cstdio>
int a[3]={12,34,56};
void rec(int t)
{
  if(t<0) return;
  printf("%d",a[t]);
  rec(t-1);
}
int main()
{
  rec(2);
  return 0;
}
```

【问题分析】

运行程序，输出：

```
56 34 12
```

程序实现的是对 a 数组的逆序遍历和输出。总共调用了四次 rec(t) 函数，它们的参数 t 分别为 2、1、0、-1。其中，前三次均有输出；第四次则因触发结束条件而无输出。

2. 实践巩固

阶乘问题（factorial，1s，256MB）

【问题描述】

在数学中，n! 表示 n 的阶乘，即 n!=1×2×3×⋯×n。特殊地，0!=1。给定 n，求 n!。

【输入格式】

一行，一个整数 n(0<n ≤ 20)，含义如题所述。

【输出格式】

一行，一个整数，代表 n!。

【输入样例】

10

【输出样例】

3628800

7.1.2 递归算法的应用

1. 知识讲解

递归算法作为基础而灵活的算法，在信息学竞赛中有广泛的应用，可用来实现许多更复杂的算法，诸如深度优先搜索算法、分治算法，等等。后续几章会详细介绍这些算法，这里我们先介绍一些较简单的应用。

例 2　全排列问题（permutation，1s，256MB）。

【问题描述】

从 n 个不同元素中任取 m(m ≤ n) 个元素，按照一定的顺序排列起来，叫作从 n 个不同元素中取出 m 个元素的一个排列。当 m=n 时，排列所有元素的情况叫全排列。

给定 n、k，输出 n 的全排列中字典序前 k 小的排列。（字典序比较方法是从左到右按位比较，判断不相同的第一位数字的大小，该位上的数字小的排列较小）

【输入格式】

一行，两个整数 n、k(0 ≤ k ≤ n ≤ 10)，含义如题所述。

【输出格式】

k 行，每行 n 个用空格隔开的数，表示一种 n 的排列。

【输入样例】

9 3

【输出样例】

1 2 3 4 5 6 7 8 9

1 2 3 4 5 6 7 9 8

1 2 3 4 5 6 8 7 9

【问题分析】

本题是经典的全排列问题，可以使用递归算法解决。设函数 rec(t) 表示放到第 t 位（即第 t 个数），在每位上枚举一个未填过的数，当 t=n 时即可输出排列。输出达到 k 种排列后即可退出程序。参考程序如下：

```cpp
//p7-1-2
#include<cstdio>
#include<cstdlib>
int n,k,a[10],cnt;
bool vis[10];
void rec(int t)
{
    if(t==n)
    {
        for(int i=0;i<n;i++) printf("%d",a[i]);
        cnt++;
        if(cnt==k) exit(0);                    // 输出够了 k 种排列就退出程序
        puts("");
        return;
    }
    for(int i=1;i<=n;i++) if(vis[i]==false)        // 枚举未填过的数
    {
        vis[i]=true;
        a[t]=i;
        rec(t+1);
        vis[i]=false;    // 恢复标记
    }
}
int main()
{
```

```
    scanf("%d%d",&n,&k);
    rec(0);
    return 0;
}
```

例3 汉诺塔问题 (hanoi, 1s, 256MB)。

【问题描述】

相传在古印度圣庙中，有一种被称为汉诺塔 (Hanoi) 的游戏。在一块铜板装置上，有三根杆 (编号 A、B、C)，在 A 杆上自下而上、由大到小按顺序放置 64 个金盘。游戏的目标是：把 A 杆上的金盘全部移到 C 杆上，并仍保持原有顺序叠好。操作规则是：每次只能移动一个盘子，并且在移动过程中三根杆上都始终保持大盘在下、小盘在上，操作过程中盘子可以置于 A、B、C 任一杆上。

这里，我们假设 A 杆上有 n 个盘子，求最少操作次数，并给出一种操作方案，使得我们能够将这 n 个盘子全部移到 C 杆上。

【输入格式】

一行，一个整数 n(0<n ≤ 15)，含义如题所述。

【输出格式】

第一行，一个整数 m，表示最少操作次数。

第 2 ~ m+1 行，第 i+1 行输出四个字符 "x->y"（不含引号，这里的 x 和 y 可以是 A、B、C），表示第 i 次操作我们将 x 杆顶的盘子移动到了 y 杆顶。

【输入样例】

3

【输出样例】

7
A->C
A->B
C->B
A->C
B->A
B->C
A->C

【问题分析】

由于要求在移动过程中三根杆上始终保持大盘在下、小盘在上，所以必然是先将前 n-1 个盘子移到 B（记为阶段Ⅰ），然后将 n 号盘子移到 C（记为阶段Ⅱ），最后将 B 杆上的 n-1 个盘子移到 C（记为阶段Ⅲ）。

可以发现，在进行阶段 I 时，我们是将盘子从 A 移到 B，并且可以以 C 作为中转杆；而在阶段 III 时，我们是将盘子从 B 移到 C，并且可以以 A 作为中转杆。由此可见，这两个阶段其实是等价的。而对于每个 n>0，都必须进行一次阶段 II。因此，n 个盘子的所需操作次数实际上就是 [(n-1) 个盘子的所需操作次数]×2+1。

我们可以设计一个函数 work(n,x,y,z) 表示当前我们要将 x 杆上的 n 个盘子从 x 杆移到 y 杆，并且以 z 杆作为中转杆。这样，结束条件即为 n=0 时的情况。参考程序如下：

```
//p7-1-3
#include<cstdio>
void work(int n,char x,char y,char z)
{
    if(n==0)      return;              // 没有盘子要移动，直接退出
    work(n-1,x,z,y);                   // 阶段 I
    printf( "%c->%c\n",x,y);           // 阶段 II
    work(n-1,z,y,x);                   // 阶段 III
}
int main()
{
    int n,ans=1;
    scanf("%d",&n);
    for(int i=1;i<n;i++) ans=ans*2+1;
    printf("%d\n",ans);
    work(n,'A','C','B');
    return 0;
}
```

2. 实践巩固

优美字符串（string，1s，256MB）

【问题描述】

小 X 最近发现，一个长度为 n(0<n ≤ 25) 的字符串 S 的优美值 f(S) 可以按如下规则定义：

- 如果 S 为空串，则 f(S)=0
- 如果 S[1]=S[n]，则 f(S)=f(S[2..n-1])+1
- 如果 S[1] ≠ S[n]，则 f(S)=max(f(S[1..n-1]),f(S[2..n]))

现在已知字符串 S，小 X 想知道它的优美值 f(S)。

【输入格式】

一行，一个字符串 S，含义如题所述。数据保证 S 串仅含有大小写字母、数字、空格。

【输出格式】

一行，一个整数 f(S)，表示 S 的优美值。

【输入样例】

Emannel Swedenborg

【输出样例】

3

7.2 递 推 算 法

7.2.1 递推算法的基本思想

1. 知识讲解

递推算法的基本思想是使用已有的信息推知所要的信息，与递归的过程恰恰相反。如，已知 f[i]=f[i-1]+f[i-2]，则通过 f[0]=1，f[1]=1 可以推得 f[2]=2，这就是一种递推。

例1 阅读程序，写出程序运行的结果。

```
//p7-2-1
#include <cstdio>
int f[10];
int main() {
  f[0] = 1, f[1] = 1;
  for (int i = 2; i < 10; ++i) f[i] = f[i - 1] + f[i - 2];
  printf("%d %d %d\n", f[2], f[5], f[9]);
  return 0;
}
```

【问题分析】

运行程序，输出：

2 8 55

程序通过递推式，依次得到 f[2]=f[1]+f[0]=2，f[3]=f[2]+f[1]=3，以此类推，就能得到 f[5] 和 f[9]。

2. 实践巩固

阶乘问题（factorial，1s，256MB）

【问题描述】

在数学中，n! 表示 n 的阶乘，即 n!=1×2×3×…×n。特殊地，0!=1。给定 n，求 n!。

要求用递推算法解决。

【输入格式】

一行，一个整数 n(0<n ≤ 20)，意义如题所述。

【输出格式】

一行，一个整数，代表 n!。

【输入样例】

10

【输出样例】

3628800

7.2.2　递推算法的应用

1. 知识讲解

递推算法常用来解决一些数学问题，当然一些最优问题也可以用递推的思想解决。下面就以一些题目为例，讲解递推算法的常见应用。

例2　数字三角形（tri，1s，256MB）。

【问题描述】

给出一个数字三角形，这个三角形有 n 行，其中第 i 行有 i 个数，排列如下：

1

2 3

4 5 6

6 7 8 9

10 9 8 7 6

你一开始在第一行的那个数上（你已经拿走了这个数），每次你可以往下方或右下方走，并拿走所走到格子上的数。要你规划一条从第一行走到最后一行的路径，使得拿到的数总和最大。

【输入格式】

第一行，一个整数 n(1 ≤ n ≤ 30)，意义如题所述。

下面 n 行，其中第 i 行有 i 个数，描述这个数字三角形。

【输出格式】

一行，一个整数表示答案。

【输入样例】

5

1

2 3

4 5 6

6 7 8 9

10 9 8 7 6

【输出样例】

26

样例解释：$1 \to 3 \to 6 \to 8 \to 8$ 或者 $1 \to 3 \to 6 \to 9 \to 7$。

【问题分析】

设 $f[i][j]$ 表示走到第 i 行的第 j 个格子，最大的和是多少，那么 (i,j) 只可能从 $(i-1,j)$ 或者 $(i-1,j-1)$ 走过来。从 $(i-1,j)$ 走来，得到的和是 $f[i-1][j]+a[i][j]$，如果从 $(i-1,j-1)$ 走过来，得到的和是 $f[i-1][j-1]+a[i][j]$，两者中的最大值就是答案了。参考程序如下：

```
//p7-2-2
const int N = 31;
int n, ans, f[N][N], a[N][N];
int main() {
    scanf("%d", &n);
    for (int i = 1; i <= n; ++i) for (int j = 1; j <= i; ++j) scanf("%d", &a[i][j]);
    for (int i = 1; i <= n; ++i) for (int j = 1; j <= i; ++j) f[i][j] = max(f[i - 1][j], f[i - 1][j - 1]) + a[i][j];
    for (int i = 1; i <= n; ++i) ans = max(ans, f[n][i]);
    printf("%d\n", ans);
    return 0;
}
```

例 3 染色 (color, 1s, 256MB)。

【问题描述】

有一条纸带，被划分为 n 个格子，每个格子可以染成黑色或白色，现在不允许出现相邻两格都染成黑色的情况，问方案数。

【输入格式】

一行，一个整数 n(0<n≤60)，含义如题所述。

【输出格式】

一行，一个整数 m，表示方案数。

【输入样例】

3

【输出样例】

5

样例解释（0、1 分别表示白色、黑色）：

000 001 010 100 101

【问题分析】

这道题的递推式可以这样思考。

假如我们知道了 f[n] 表示 n 个格子的方案数，如何推出 f[n+1]？

分析这个问题，我们可以当作在一个已染色好的纸带后面再加一个格子，然后给这个格子染色。显然，这个格子能染什么颜色，跟原来纸带的最后一个格子染的颜色有关，如果不记录这个信息，递推显然没有那么容易。那我们考虑记录下这个信息：把递推式改为 f[n] 表示 n 个格子，最后一个是黑色的方案数，g[n] 表示 n 个格子，最后一个是白色的方案数。那么递推式就是：

f[n]=g[n-1]

g[n]=f[n-1]+g[n-1]

因为不能有相邻位置染黑色，f[n] 只能由 g[n] 递推过来，而白色前面是什么颜色都没有关系，所以由 g[n]=f[n-1]+g[n-1] 递推得来。参考程序如下：

```
//p7-2-3
const int N = 31;
int n, f[N], g[N];
int main() {
    scanf("%d", &n);
    f[1] = g[1] = 1;
    for (int i = 2; i <= n; ++i) {
        f[i] = g[i - 1];
        g[i] = f[i - 1] + g[i - 1];
    }
    printf("%d\n", f[n] + g[n]);
    return 0;
}
```

2. 实践巩固

染色（困难版）（colorplus，1s，256MB）

【问题描述】

有一条纸带，被划分为 n 个格子，每个格子可以染成黑色或白色，现在不允许出现连续两格都染成黑色的情况，也不允许连续五格都染成白色，求出方案数。（提示：想办法记录最后四个格子的颜色，以便递推）

【输入格式】

一行，一个整数 n(0<n ≤ 60)，含义如题所述。

【输出格式】

一行，一个整数，表示方案数。

【输入样例】

3

【输出样例】

5

创客教育系列丛书

初中第三册

第8章

排序算法

在实际生活中，我们会遇到很多需要排序的问题。信息学比赛中同样有许多题目都需要对数据进行排序，可见排序算法是十分重要的。本章就四种基础的排序算法——冒泡排序、插入排序、快速排序、归并排序进行讲解。需要注意的是，本章中的例子均默认按升序排序，若要降序排序，只需要改变元素比较的方式。

8.1　冒　泡　排　序

8.1.1　冒泡排序的基本思想

在 5.1 节中，我们已经提过，如果是升序排序，冒泡排序的核心思想是通过比较相邻元素，把大的元素"冒泡"到数组的后面。严格地说，冒泡排序通过 n-1 次"冒泡"的过程，比较相邻元素，将较大的一个放在后面，从而实现把第 1 大的放到第 n 位，把第 2 大的放到第 n-1 位，…，把第 n-1 大的放在第 2 位，第 n 大的放在第 1 位。

冒泡排序的参考程序如下：

```
//p8-1-1
for (int i = 1; i <= n - 1; ++i)
        for (int j = 1; j <= n - i; ++j)
            if (a[j] > a[j + 1])
                swap(a[j], a[j + 1]);
```

8.1.2　冒泡排序的应用

通过 8.1.1 小节的分析，冒泡排序需要冒泡 n-1 次，而每次冒泡的时间复杂度是 O(n) 的，所以冒泡排序总共的时间复杂度是 $O(n^2)$ 的。在 n ≤ 5000 时，冒泡排序还可以较快地排序好一个数组，因此 n ≤ 5000 时我们可以使用冒泡排序。

例　排序（sort1，1s，256MB）。

【问题描述】

给你一个长度为 n(n ≤ 5000) 的数组，请你把它按升序排序并输出。

【输入格式】

第一行，一个整数 n，表示数组的大小。第二行 n 个用空格分开的整数，表示数组的元素。

【输出格式】

一行，n 个用空格分开的整数，表示升序排序后的数组。

【输入样例】

4

3 2 4 1

【输出样例】

1 2 3 4

【问题分析】

直接用冒泡排序对数组排序即可，参考程序如下（头文件略）：

```
//p8-1-2
const int N = 5007;
int n, a[N];
int main() {
    scanf("%d", &n);
    for (int i = 1; i <= n; ++i) scanf("%d", &a[i]);
    for (int i = 1; i <= n - 1; ++i)
        for (int j = 1; j <= n - i; ++j)
            if (a[j] > a[j + 1])
                swap(a[j], a[j + 1]);
    for (int i = 1; i <= n; ++i) printf("%d", a[i]);
    return 0;
}
```

8.2 插 入 排 序

8.2.1 插入排序的基本思想

假设我们有一个已经排好序的数组，现在要往这个数组里插入一个新的数，要使得到的数组依然有序，应该怎么做？

例如，数组 a=[1,10,15,19,19,21]，如果要插入一个 x=14，显然应该插入 10 的后面，得到的数组是 a=[1,10,14,15,19,19,21]，依然有序。如果再插入一个 20，应该插入 19 的后面，得到的数组是 a=[1,10,14,15,19,19,20,21]，依然有序。

如何描述这个找位置插入的过程？其实，如果要插入 x，我们要找一个最右边的位置 i 让 $a[i] \leqslant x$。你可能会问，会不会出现 x>a[i+1] 的情况？如果 a[i+1]<x，因为 i+1 比 i 更靠右，我们应该找到的是 i+1 而不是 i。所以我们找到最右边的位置 i 让 $a[i] \leqslant x$，在 i 后面插入 x 即可。

插入排序正是利用的上面的这种方法，依次插入数组里的每个元素，每次插入后数组都是有序的。插入排序的核心参考程序如下：

```
//p8-2-1
for (int i = 1, j, tmp; i <= n; ++i) {
    j = i - 1;
    while (j > 0 && a[j] > a[i]) --j;
    tmp = a[i];              // 用一个临时变量记录下 a[i]，因为后面 a[i] 会被占用
    for (int k = i; k >= j + 2; --k) a[k] = a[k - 1];
```

```
                        //把 j 后面的元素都往后移动一位，给 a[i] 空出一个位置插入
        a[j + 1] = tmp;     //把 a[i] 放到 j+1 这个位置
    }
```

8.2.2 插入排序的应用

插入排序共需要对 n 个元素执行插入过程，每次寻找插入位置的时间复杂度是 O(n) 的，所以插入排序的时间复杂度是 O(n^2) 的，适用于 n ≤ 5000 时的排序。

例 排序（sort2，1s，256MB）。

【问题描述】

给出一个长度为 n(n ≤ 5000) 的数组，请你把它按升序排序并输出。

【输入格式】

第一行，一个整数 n，表示数组的大小。第二行 n 个用空格分开的整数，表示数组的元素。

【输出格式】

一行 n 个用空格分开的整数，表示升序排序后的数组。

【输入样例】

4

3 2 4 1

【输出样例】

1 2 3 4

【问题分析】

使用插入排序即可，参考程序如下（头文件略）：

```
//p8-2-2
const int N = 5007;
int n, a[N];
int main() {
    scanf("%d", &n);
    for (int i = 1; i <= n; ++i) scanf("%d", &a[i]);
    for (int i = 1, j, tmp; i <= n; ++i) {
        j = i - 1;
        while (j > 0 && a[j] > a[i]) --j;
        tmp = a[i];         //用一个临时变量记录下 a[i]，因为后面 a[i] 会被占用
        for (int k = i; k >= j + 2; --k) a[k] = a[k - 1];
                        //把 j 后面的元素都往后移动一位，给 a[i] 空出一个位置插入
        a[j + 1] = tmp;     //把 a[i] 放到 j+1 这个位置
```

创客教育系列丛书

初中第三册

```
    }
    for (int i = 1; i <= n; ++i) printf("%d", a[i]);
    return 0;
}
```

8.3　快速排序

8.3.1　快速排序的基本思想

快速排序分以下三步。

（1）在数列中选取一个数作为基准值（一般取中间的数）。

（2）把小于基准值的数放在基准值前，把大于这个基准值的数放在基准值后。

（3）把基准值的前后分别按照以上过程排序。

可以看出，快速排序运用了递归、分治两个技巧，这也使得快速排序运行效率远于上面两种排序。快速排序的核心思想参考程序如下：

```
//p8-3-1
void qsort(int l, int r) {
    if (l == r) return;
    int mid=a[(l + r)/2], i = l, j = r;
    while (i <= j) {
        while (a[i] < mid) ++i;
        while (a[j] > mid) --j;
        if (i <= j) swap(a[i], a[j]), ++i, --j;
    }
    if (l < j) qsort(l, j);
    if (i < r) qsort(i, r);
}
```

8.3.2　快速排序的应用

1. 知识讲解

快速排序的时间复杂度在平均状况下是 $O(n\log_2 n)$，最坏情况下为 $O(n^2)$，但由于其隐含的小常数，使其在大多数情况下表现优异，已经能够应对算法竞赛里大多数的排序问题。如果还要优化，可以把取中间的数改为取 [l,r] 中的随机某个位置，例如第一个位置。事实上，一般的快排效率已足够高，对于 $n \leqslant 500000$ 的排序问题，我们都可以用快速排序解决。

例　排序（sort3，1s，256MB）。

【问题描述】

给一个长度为n(n ≤ 500000) 的数组，请你把它按升序排序并输出。

【输入格式】

第一行，一个整数 n，表示数组的大小。第二行 n 个用空格分开的整数，表示数组的元素。

【输出格式】

一行 n 个用空格分开的整数，表示升序排序后的数组。

【输入样例】

4

3 2 4 1

【输出样例】

1 2 3 4

【问题分析】

使用快速排序即可，参考程序如下（头文件略）：

```
//p8-3-2
const int N = 500007;
int n, a[N];
void qsort(int l, int r) {
    if (l == r) return;
    int mid = a[(l + r)/2], i = l, j = r;
    while (i <= j) {
        while (a[i] < mid) ++i;
        while (a[j] > mid) --j;
        if (i <= j) swap(a[i], a[j]), ++i, --j;
    }
    if (l < j) qsort(l, j);
    if (i < r) qsort(i, r);
}
int main() {
    scanf("%d", &n);
    for (int i = 1; i <= n; ++i) scanf("%d", &a[i]);
    qsort(1, n);
    for (int i = 1; i <= n; ++i) printf("%d", a[i]);
    return 0;
}
```

2. 实践巩固

数字（number，1s，256MB）

【问题描述】

给你一个长度为 $n(n \leqslant 500000)$ 的数组，数组的每个元素 $a[i]$，满足 $0 \leqslant a[i] \leqslant 10^9$，求这个数组中不同的数有几种。

【输入格式】

第一行一个整数 n，表示数组的大小。第二行 n 个用空格分开的整数，表示数组的元素。

【输出格式】

一行一个整数，表示数组里有几种不同的数。

【输入样例】

6

1 5 2 5 6 6

【输出样例】

4

创客教育系列丛书 初中第三册

8.4 归并排序

8.4.1 归并排序的基本思想

归并排序的精华在于归并两个有序的数组，分以下三步。

（1）取中点把数组分为两部分。

（2）把两部分数组分别用归并排序来排序。

（3）将两个有序的数组归并为一个有序的数组。

归并排序的具体过程为：先创建一个新的数组用于储存归并的结果。然后取两个指针 i,j，一开始分别在两个数组的开头。若 $a[i] \leqslant b[j]$，则把 $a[i]$ 加入所开的数组里，指针 i 加 1；反之，若 $a[i]>b[j]$，则把 $b[j]$ 加入所开的数组里，指针 j 加 1。若某个数组已经全部加入，则把另一个数组剩余的元素依次加入即可。由于 a,b 本身都是有序的，因此有 $a[i] \leqslant a[k]$，其中 $i \leqslant k$；$b[j] \leqslant b[k]$，其中 $j \leqslant k$，也就是说后面的数不论按什么顺序插入，$a[i]$ 都比它们小，这就达到了升序排序的目的。具体参考程序如下：

```
//p8-4-1
void mergesort(int l, int r) {
    if (l == r) return;
```

```
        int mid = (l + r)/2, i = l, j = mid + 1, len = 0;
        mergesort(l, mid);
        mergesort(mid + 1, r);
        while (i <= mid && j <= r) {
            if (a[i] <= a[j]) tmp[++len] = a[i], ++i;
            else tmp[++len] = a[j], ++j;
        }
        while (i <= mid) tmp[++len] = a[i], ++i;
        while (j <= r) tmp[++len] = a[j], ++j;
        for (int k = 1; k <= len; ++k) a[l + k - 1] = tmp[k];
}
```

8.4.2　归并排序的应用

1. 知识讲解

归并排序所用时间可以表示为 $T(n)=2T(n/2)+O(n)$，即分治的时间加上归并的时间，用主定理分析可以得到 $T(n)=O(n\log_2 n)$，也就是说，归并排序的时间复杂度是稳定在 $O(n\log_2 n)$ 的，因此对于 $n \leqslant 500000$ 的排序问题，我们都可以用归并排序解决。

例　排序（sort4，1s，256MB）。

【问题描述】

给出一个长度为 $n(n \leqslant 500000)$ 的数组，请你把它按升序排序并输出。

【输入格式】

第一行，一个整数 n，表示数组的大小。第二行 n 个用空格分开的整数，表示数组的元素。

【输出格式】

一行，n 个用空格分开的整数，表示升序排序后的数组。

【输入样例】

4

3 2 4 1

【输出样例】

1 2 3 4

【问题分析】

使用归并排序即可，参考程序如下（头文件略）：

```
//p8-4-2
const int N = 500007;
```

```
int n, a[N], tmp[N];
void mergesort(int l, int r) {
    if (l == r) return;
    int mid =(l + r)/2, i = l, j = mid + 1, len = 0;
    mergesort(l, mid);
    mergesort(mid + 1, r);
    while (i <= mid && j <= r) {
        if (a[i] <= a[j]) tmp[++len] = a[i], ++i;
        else tmp[++len] = a[j], ++j;
    }
    while (i <= mid) tmp[++len] = a[i], ++i;
    while (j <= r) tmp[++len] = a[j], ++j;
    for (int k = 1; k <= len; ++k) a[l + k - 1] = tmp[k];
}
int main() {
    scanf("%d", &n);
    for (int i = 1; i <= n; ++i) scanf("%d", &a[i]);
    mergesort(1, n);
    for (int i = 1; i <= n; ++i) printf("%d", a[i]);
    return 0;
}
```

2. 实践巩固

差值（value，1s，256MB）

【问题描述】

给你一个长度为 n(n ≤ 500000) 的数组，数组的每个元素 a[i]，满足 $0 \leq a[i] \leq 10^9$，你要在其中找到两个 i,j 满足 i ≠ j 且 |a[i]-a[j]| 最小，输出最小的 |a[i]-a[j]| 即可。

【输入格式】

第一行，一个整数 n，表示数组的大小。第二行 n 个用空格分开的整数，表示数组的元素。

【输出格式】

一行，一个整数，表示最小的 |a[i]-a[j]|。

【输入样例】

6

23 10 8 2 40 5

【输出样例】

2

第9章
深度优先搜索算法

　　搜索是利用计算机解决实际问题时常用的算法，当问题无法根据某种确定的计算规则来求解时，可以利用搜索与回溯的方式来求解。回溯是搜索算法中的一种控制策略，它的基本思想是：为了求得问题的解，先选择某一种可能的情况向前探索，在探索过程中，一旦发现原来的选择是错误的，就退回一步重新选择，继续向前探索，如此反复进行，直至得到最终解或证明无解。

9.1　深度优先搜索

9.1.1　深度优先搜索的基本思想

深度优先搜索（Depth First Search，简称 DFS 或深搜），是一种基于栈的搜索算法。在第 7 章中我们已经学习了递归，深度优先搜索是利用递归来加以实现的。

深度优先搜索一般用于图的遍历与树的遍历，早在 19 世纪就用于解决走迷宫问题。试想，当走迷宫的时候，你一定是一直顺着一条路走，如果这条路走不通，再从原路返回，走下一条路。以下是应用深度优先搜索算法解决走迷宫问题的伪代码：

```
void dfs(int k)
{
if(到目的地){输出解;return;}
for(i=1;i<=总数;i++)
    if(能走){保存结果;dfs(k+1);回到保存结果时的状态（回溯）;}
}
```

从这个伪代码中可以看出深度优先搜索与回溯的特点：一路走下去，不撞南墙不回头，撞了南墙马上回头。

9.1.2　深度优先搜索的应用

1. 知识讲解

下面通过相关的例题，结合规范的参考程序，帮助大家更好地理解深度优先搜索。

例　瓷砖（tile，1s，256MB）。

【问题描述】

在一个 w×h 的矩形广场上，每一块 1×1 的地面都铺设了红色或黑色的瓷砖。小敏同学站在某一块黑色的瓷砖上，他可以从此处出发，移动到上、下、左、右四个相邻的且是黑色的瓷砖上。现在，他想知道，通过重复上述移动所能经过的黑色瓷砖数。

【输入格式】

第 1 行为 h、w，2 ≤ w、h ≤ 50，之间由一个空格隔开；

以下为一个 w 行 h 列的二维字符矩阵，每个字符为 "."、"#"、"@"，分别表示该位置为黑色的瓷砖、红色的瓷砖、小林的初始位置。

【输出格式】

输出一行，一个整数，表示小林从初始位置出发经过的黑色瓷砖数。

【输入样例】

11 9

```
.#.........
.#.#######.
.#.#.....#.
.#.#.###.#.
.#.#..@#.#.
.#.#####.#.
.#.......#.
.#########.
...........
```

【输出样例】

59

【问题分析】

本题是搜索的一个重要应用，即所谓的求"联通块"问题。读入字符数组，读取过程中找到小敏的初始位置"@"，存储这个位置的行列信息。设 tot 表示小敏从初始位置出发可以经过的黑色瓷砖数，初始值为 0，从小敏的初始位置"@"开始深度优先搜索，每一次搜索都使用循环来遍历上、下、左、右四个位置，如果是黑色瓷砖"."，则 tot++，再把该位置设置为已走过，然后继续递归穷举其上、下、左、右四个位置是否是黑色瓷砖，如果是并且不越界，则递归搜索。

参考程序如下：

```
//p9-1-1
#include<bits/stdc++.h>   // 万能头文件
using namespace std;
int g[111][111];
int dx[4]={-1,1,0,0};   // 上下左右移动所对应的行位置变化
int dy[4]={0,0,-1,1};   // 上下左右移动所对应的列位置变化
int n,m,tot;
void dfs(int x,int y)
{
    int tx,ty;
    g[x][y]=0;
    tot++;
    for (int i=0;i<4;i++){
        tx=x+dx[i];
```

```
                ty=y+dy[i];
                if (tx>0&&tx<=n&&ty>0&&ty<=m&&g[tx][ty]==1)
                {
                        dfs(tx,ty);
                }
        }
    }
}


int main()
{
    int x,y;
    char ch;
    cin>>m>>n;
    for(int i=1;i<=n;i++){
                for(int j=1;j<=m;j++)
                {
                        cin>>ch;
                        if(ch=='.') {g[i][j]=1;}
                        else
                                if(ch=='#')g[i][j]=0;
                                else
                                        if (ch=='@'){x=i;y=j;g[i][j]=1;}
                }
    }
    tot=0;
      dfs(x,y);
    cout<<tot<<endl;
      return 0;
}
```

通过这道例题，你一定已经明白了深度优先搜索的奥秘。接下来，我们可以开始学习回溯的应用了。

2. 实践巩固

最大黑区域（area, 1s, 256MB）

【问题描述】

二值图像是由黑白两种像素组成的矩形点阵，图像识别的一个操作是求出图像中最大黑区域的面积。请设计一个程序完成二值图像的这个操作。黑区域由黑像素组成，一个黑区域中的每像素至少与该区域中的另一像素相邻，规定一个像素仅与其上、下、左、右的像素相邻。两个不同的黑区域没有相邻的像素。一个黑区域的面积是其所包含的像素数。

【输入格式】

第 1 行含两个正整数 n 和 m，1 ≤ n、m ≤ 100，分别表示二值图像的行数与列数，后面紧跟着 n 行，每行含 m 个整数 0 或 1，其中第 i 行表示图像的第 i 行的 m 个像素，0 表示白像素，1 表示黑像素。

【输出格式】

输出一个数，表示相应的图像中最大黑区域的面积。

【输入样例】

5 6
0 1 1 0 0 1
1 1 0 1 0 1
0 1 0 0 1 0
0 0 0 1 1 1
1 0 1 1 1 0

【输出样例】

7

9.2 回溯法

1.知识讲解

回溯，就是走不通的时候从原路走回去。从前文走迷宫的伪代码中可以稍微了解回溯的应用。大多数情况下，深度优先搜索只有在运用回溯算法的时候才切实可行。试想如果你走迷宫的时候只会前进不会后退，那么你大概率是走不出去的，而及时的纠错能给予深度优先搜索灵魂。

例　迷宫问题（maze，1s，256MB）。

【问题描述】

给定一个 N×M 方格的迷宫，迷宫里有 T 处障碍，障碍处不可通过。给定起点坐标和终点坐标，每个方格最多经过 1 次，在迷宫中移动有上、下、左、右四种方式。保证起点上没有障碍。

问：有多少种从起点坐标到终点坐标的方案？

【输入格式】

第一行，N、M 和 T，N 为行，M 为列，T 为障碍总数。

第二行，起点坐标 SX、SY，终点坐标 EX、EY。

接下来 T 行，每行为障碍的坐标。

【输出格式】

给定起点坐标和终点坐标，每个方格最多经过1次，求从起点坐标到终点坐标的方案总数。

【输入样例】

2 2 1

1 1 2 2

1 2

【输出样例】

1

【数据范围】

对于 50% 的数据，$1 \leqslant N, M \leqslant 3$；

对于 100% 的数据，$1 \leqslant N, M \leqslant 5$。

【问题分析】

这是一道经典的搜索回溯算法问题。参照前文的走迷宫问题伪代码，从起点向四周递归搜索，遇到边界、障碍或走过的路就回溯一步改变方向继续搜索，统计最终到达终点的次数，其中 a 数组用于记录某个位置是否存在障碍物，vis 数组用于记录是否走过某个位置，参考程序如下：

```
//P9-2-1
#include<iostream>
using namespace std;
int dx[4]={-1,1,0,0};
int dy[4]={0,0,-1,1};
int ans,n,m,t,sx,sy,ex,ey,a[10][10],vis[10][10];
void dfs(int x,int y)
{
    int nowx,nowy;
  if(x==ex&&y==ey)    // 如果已经到达终点，则方案数 ans 加1
    {
        ans++;
        return;
    }
    else
    for(int i=0;i<4;i++)    // 向四周递归搜索
    {
        nowx=x+dx[i];
        nowy=y+dy[i];
        if(nowx>=1&&nowx<=n&&nowy>=1&&nowy<=m&&a[nowx][nowy]==0)
                            // 如果不越界并且能走
```

创客教育系列丛书

初中第三册

```
            if(vis[nowx][nowy]==0)    // 当前路径中还没有走过这个位置
            {
                vis[nowx][nowy]=1;    // 标记当前路径中已经走过这个位置
                dfs(nowx,nowy);       // 从新的位置开始搜索
                vis[nowx][nowy]=0;    // 回溯到当前层的原有状态
            }
        }
}
int main()
{
    cin>>n>>m>>t;
    cin>>sx>>sy>>ex>>ey;
    for(int i=1;i<=t;i++)
    {
        int p,q;
        cin>>p>>q;
        a[p][q]=1;
    }
    vis[sx][sy]=1;
    dfs(sx,sy);
    cout<<ans<<endl;
    return 0;
}
```

2. 实践巩固

1）工作分配问题（job，1s，256MB）

【问题描述】

设有 n 件工作分配给 n 个人，将工作 i 分配给第 j 个人所需的费用为 c[i][j]。试设计一个算法，为每一个人都分配一件不同的工作，并使总费用达到最小。

【输入格式】

第一行有 1 个正整数 $n(1 \leqslant n \leqslant 20)$。接下来的 n 行，每行 n 个数，第 i 行表示第 i 个人各项工作费用。

【输出格式】

输出一个整数，为最小总费用。

【输入样例】

3

4 2 5

2 3 6

3 4 5

【输出样例】

9

2）迷宫问题（maze，1s，256MB）

【问题描述】

设有一个 N×N(2 ≤ N<10) 方格的迷宫，入口和出口分别在左上角和右上角。迷宫格子中分别放 0 和 1，0 表示可通，1 表示不能，入口和出口处肯定是 0。走迷宫的规则如下：从某点开始，有八个方向可走，前进方格中数字为 0 时表示可通过；为 1 时表示不可通过，要另找路径。找出所有从入口（左上角）到出口（右上角）的路径 (不能重复)，输出路径总数，如果无法到达，则输出 0。

【输入样例】

3

0 0 0

0 1 1

1 0 0

【输出样例】

2

第 10 章
广度优先搜索算法

　　广度优先搜索算法（Breadth First Search，BFS），也叫作宽度优先搜索，是一个基于队列的搜索算法。与前面所提到的深度优先搜索相同，广度优先搜索也是一种枚举搜索方法，不考虑答案的位置，一直搜索，直到找到答案为止。不同之处在于，宽度优先搜索运用每一层的状态去扩展出下一层的全部状态，再去搜索扩展下一层，这与深度优先搜索中一个状态直接搜索到最底层产生了鲜明的对比。

10.1　广度优先搜索的基本思想

开始搜索时，以 S 为起始点进行搜索，扩展出与 S 有关的所有节点并保存，供以后的扩展使用。对 S 扩展完毕后，继续对下一个节点进行扩展，直到得到答案或不能进行扩展为止，因此这种搜索方法适合求最少步骤或者最短解等最优解问题。具体实现流程如下。

（1）将源点存入队列的尾部。

（2）每次从队列的头部取出一个元素，对这个元素进行下一级的扩展，如能够扩展则将下一级元素放进队列的尾部，同时计算答案，将此下一级元素的前驱记录为队头元素。

（3）如已经找到要求的答案则退出搜索，否则继续进行搜索。

（4）扩展到不能再继续扩展时则退出搜索。

根据第 9 章所提到的走迷宫问题，应用广度优先搜索算法解决走迷宫问题的伪代码为：

```
void bfs()
{
    head++;// 取下一个节点
    while(head<=tail)
    {
        // 当队列非空时做，head 和 tail 分别表示队列的头指针和尾指针
            if( 到达目的地 )
                    做相应处理（如退出循环输出解、输出当前解、比较解的优劣）；
            else
            {
                    for(i=1;i<= 总数 ;i++)
                    if( 能走 )
                    if( 拓展出的新节点没出现过 )
                    {
                            tail++;
                            将新节点插到队尾 ;
                            标记已经出现 ;
                    }
            }
    }
}
```

例　瓷砖（tile，1s，256MB）。

【问题描述】

在一个 w×h 的矩形广场上，每一块 1×1 的地面都铺设了红色或黑色的瓷砖。小敏同学站在某一块黑色的瓷砖上，他可以从此处出发，移动到上、下、左、右四个相邻的且是黑色的瓷砖上。

现在，他想知道，通过重复上述移动所能经过的黑色瓷砖数。

【输入格式】

第 1 行为 h、w，$2 \leqslant w$、$h \leqslant 50$，之间由一个空格隔开；

以下为一个 w 行 h 列的二维字符矩阵，每个字符为 "." "#" "@"，分别表示该位置为黑色的瓷砖、红色的瓷砖、小林的初始位置。

【输出格式】

输出一行，一个整数，表示小林从初始位置出发经过的黑色瓷砖数。

【输入样例】

```
11 9
.#........
.#.#######.
.#.#.....#.
.#.#.###.#.
.#.#..@#.#.
.#.#####.#.
.#.......#.
.#########.
..........
```

【输出样例】

```
59
```

【问题分析】

读入字符数组，读取过程中找到小敏的初始位置 "@"，并把这个位置的行列信息入队，作为队头元素。从小敏的初始位置 "@" 开始广度优先搜索，每一次搜索都使用循环来遍历上、下、左、右四个位置，如果是黑色瓷砖 "."，并且还没有存储过，并入队⋯⋯不断取出队头元素进行四个方向的拓展，直到队列为空。最后，队列的尾指针即为答案。参考程序如下：

```cpp
//p10-1-1
#include<bits/stdc++.h>   // 万能头文件
using namespace std;
int g[111][111],q[3000][3];
int dx[4]={0,0,-1,1},dy[4]={1,-1,0,0};
int n,m,head,tail,x,y;
int main()
{
    char ch;
```

```cpp
cin>>m>>n;
for(int i=1;i<=n;i++){
            for(int j=1;j<=m;j++)
            {
                    cin>>ch;
                    if(ch=='.') {g[i][j]=1;}
                    else
                            if(ch=='#')g[i][j]=0;
                            else
                                    if (ch=='@'){x=i;y=j;g[i][j]=0;}
            }
}
q[1][1]=x;
q[1][2]=y;
head=0;
tail=1;
while(head<=tail)
{
        head++;
        for (int i=0;i<4;i++)
        {
                x=q[head][1]+dx[i];
                y=q[head][2]+dy[i];
                if(x>0&&x<=n&&y>0&&y<=m&&g[x][y]==1)
                {
                        tail++;
                        q[tail][1]=x;
                        q[tail][2]=y;
                        g[x][y]=0;
                }

        }
}
cout<<tail<<endl;
    return 0;
}
```

10.2 广度优先搜索的应用

1. 知识讲解

一般对于一道求达到目标所需最小代价的题目,并且题目限制操作比较烦琐、复杂时,我们可以考虑使用广度优先搜索解题。此法的关键在于将原问题抽象为搜索问题(类似于深搜的操作),比如求出在一张图上从某个点走到另一个点的最短距离。首先分析如何将一个局面(亦即状态)抽象为图中的一个点存入队列,再考虑如何对当前状态进行扩展,然后将限制操作简化成状态的转移,即可套用广搜。

例 倒水问题(water,1s,256MB)。

【问题描述】

有三个杯子a、b、c。初始时,c杯装满水有10升,a与b均为空,容量分别为3升、7升。规则如下。

(1)三个杯子相互倒水且不准把水倒往三个杯子之外。

(2)每次倒水必须是把目标杯装满或是倒出水的杯子已空才能停止。

要求:给出各杯子的容量,请用最少的倒水次数,使c杯中剩余d升水。

【输入格式】

一行,一个正整数d。

【输出格式】

一行,一个正整数,表示最少的倒水次数。

【输入样例】

5

【输出样例】

9

【问题分析】

本题要求三个杯子之间按规则互相倒水,最后c杯中水量为d升的最少次数。因为要求的答案为最少次数,故可以使用广度优先搜索。定义一个队列,队列中每一个元素中保存四个信息:a、b、c杯中的水与达到该状态所需的最少倒水次数,然后采用广度优先搜索,按照倒水规则进行倒水并存储相应的状态,同时判断该状态中c杯子的水是否为d升,如果是,则答案即为该状态的倒水次数,输出并退出搜索即可。参考程序如下所示:

```
//p10-1-2
#include<bits/stdc++.h>
```

```
int f[100000][5];
//f 表示 bfs 队列，第二维中：1、2、3 表示 a、b、c 杯中水量
//4 则表示达到该状态所需最少次数
int bz[11][11][11];  //bz 记录此状态是否出现过
int a[4],full[4];
int main()
{
    int d;  //c 杯中最终要剩余的水量
    scanf("%d",&d);
    full[1]=3;
    full[2]=7;
    full[3]=10;
    memset(bz,false,sizeof(bz));
    bz[0][0][10]=true;  // 初始状态开始就已经出现过
    int h=0,t=1;  //h 表示队头指针，t 表示队尾指针
    f[1][1]=0;
    f[1][2]=0;
    f[1][3]=10;
    f[1][4]=0;  // 队头元素初始化
    while (h<t)
    {
        h++;  // 每次搜索前先将头指针指向将要进行扩展的元素
        a[1]=f[h][1],a[2]=f[h][2],a[3]=f[h][3];
        for (int i=1;i<=3;i++)  // 枚举倒出水的杯子
        {
            for (int j=1;j<=3;j++)  // 枚举倒入水的杯子
            {
                if (i==j) continue;
                if (a[i]==0 || a[j]==full[j]) continue;
                    // 如果 i 杯子中没有水可倒出，或 j 杯已经满了，则无法进行倒水操作
                int now1=a[i],now2=a[j];
                if (a[i]+a[j]<=full[j])
                {
                    now2=a[i]+a[j];
                    now1=0;
                }
                else
                {
                    now1-=full[j]-a[j];
                    now2=full[j];
                }
                t++;  // 扩展队列
```

```
            f[t][1]=f[h][1];
            f[t][2]=f[h][2];
            f[t][3]=f[h][3]; // 因为这里的i、j不清楚是哪两个杯子，所以这里
// 先将新开的元素覆盖一次，那样在i、j之外的那个杯子就能保存之前的信息了
            f[t][i]=now1;
            f[t][j]=now2;
            f[t][4]=f[h][4]+1; // 步数+1
            if (bz[f[t][1]][f[t][2]][f[t][3]])
            {
                  t--;
                  // 如果该状态之前已经出现过，则证明不是最优的，把该状态扩展撤销
            }
            else
            {
                  if (f[t][3]==d)
                  {
                        printf("%d",f[t][4]);
                        return 0;
// 如果c杯中的水量为d，则证明达到目标状态，此时的次数即为最少次数
                  }
                  bz[f[t][1]][f[t][2]][f[t][3]]=true;
            }
        }
      }
    }
  }
```

2. 实践巩固

1）奇怪的电梯（lift, 1s, 256MB）

【问题描述】

大楼的每一层楼都可以停电梯，而且第 i 层楼（$1 \leq i \leq N$）上有一个数字 K_i（$0 \leq K_i \leq N$）。电梯只有四个按钮：开，关，上，下。上下的层数等于当前楼层上的那个数字。当然，如果不能满足要求，相应的按钮就会失灵。例如：3 3 1 2 5 代表了 K_i（K_1=3, K_2=3, …），从一楼开始。在一楼，按"上"可以到 4 楼，按"下"是不起作用的，因为没有 -2 楼。那么，从 A 楼到 B 楼至少要按几次按钮呢？

【输入格式】

输入共有两行，第一行为三个用空格隔开的正整数，表示 N、A、B（$1 \leq N \leq 200$, $1 \leq A,B \leq N$），第二行为 N 个用空格隔开的正整数，表示 K_i。

【输出格式】

输出仅一行，即最少按键次数，若无法到达，则输出 -1。

【输入样例】

5 1 5

3 3 1 2 5

【输出样例】

3

2）营救（save，1s，128MB）

【问题描述】

铁塔尼号遇险，发出了求救信号。距离最近的哥伦比亚号收到了信息，时间就是生命，必须尽快赶到那里。通过侦测，哥伦比亚号获取了一张海洋图。这张图将海洋部分分化成 n×n 个比较小的单位，其中用 1 标明的是陆地，用 0 标明的是海洋。船只能从一个格子移到相邻的四个格子。为了尽快赶到出事地点，编程计算哥伦比亚号最少需要走多远的距离。

【输入格式】

第一行为 n，下面是一个 n×n（n ≤ 1000）的 0、1 矩阵，表示海洋地图。

最后一行为四个小于 n 的整数，分别表示哥伦比亚号和铁塔尼号的位置。

【输出格式】

哥伦比亚号到铁塔尼号的最短距离，答案精确到整数。

【输入样例】

3

001

101

100

1 1 3 3

【输出样例】

4

第11章

贪心算法

在求解一个问题时，如果我们可以根据局部最优解推出整体的最优解或最优目标，那么根据这种策略，每一次得到局部最优解，进而推出问题的最终解，这种策略被称作贪心。贪心算法总是做出在当前看来是最好的选择，不从整体最优上加以考虑，所做出的是在某种意义上的局部最优解。本章将结合相关的具体案例，帮助大家系统地掌握贪心策略的具体应用。

1. 知识讲解

贪心实际上是一种简单的思路。在我们的生活中，同样的商品，如果 A 商店比 B 商店要便宜，那么我们肯定到 A 商店去买，这实际上就是贪心的体现。需要注意的是，贪心策略应该保证局部最优可以推出全局的最优，能否使用贪心，应该从理论上予以证明。

例 买饮料（buy，1s，256MB）。

【问题描述】

小明要去买饮料，商店里面有 n 种饮料，第 i 种饮料的价格为 a[i]，问小明最少花多少钱买 m 种不同的饮料。

【输入格式】

第一行两个整数，n 和 m（m,n $\leq 10^5$）。

第二行 n 个整数，第 i 个为 a[i]（a[i] $\leq 10^9$）。

【输出格式】

一行，一个整数，表示最小的花费。

【输入样例】

5 3

9 1 3 5 2

【输出样例】

6

【问题分析】

对 n 种饮料的价格进行从小到大的排序，直接贪心取前 m 个饮料即是最优解。在这个过程中，每取一个饮料都保证了这个局部的最优解在全局的最优解里面，也就是说，最终的答案里面的 m 种饮料一定包括当前的饮料。参考程序如下：

```
//p11-1-1
#include<cstdio>
#include<algorithm>
#define maxn 100005
using namespace std;
int n,m,i,j,k,a[maxn],sum;
int main()
{
        scanf("%d%d",&n,&m);
        for(i=1;i<=n;i++)
                scanf("%d",&a[i]);
```

```
        sort(a+1,a+1+n);
        for(i=1;i<=m;i++)
                sum+=a[i];
        printf("%lld",sum);
}
```

在信息学中，贪心是一种简单的思路，对于不同的题目没有固定的方法，每一道题目的贪心方法也不一样，没有什么套路和模板，实现的方法也不一样，往往比较灵活。所以解决这一类问题要积累经验，善于通过转换发现问题的性质。

2. 实践巩固

1）购买（sell，1s，256MB）

【问题描述】

小 N 最近迷上了购物，每天都让小 A 和小 T 陪她逛街拿东西。最近商店推出了这样一个活动：买东西送积分，就是买一件物品，送"当前物品的积分 $c_i \times$ 当前的倍率"，初始倍率是 1；当倍率是 i 的时候，如果你买的物品等于 t_i 个，那么倍率将加 1。最多积分的人可以得到超限量版的圆神手办。小 N 十分喜欢这个手办，但是她又有自己的购物计划，于是她想在这个计划下尽量提高自己的积分。她有 n 种东西要买，其中第 i 种物品她要买 k_i 个，每个可以得到 c_i 的积分。请告诉她积分最多能得到多少吧。

【输入格式】

第一行，一个整数 n，表示要买的种类。

接下来 n 行，每行 2 个整数 k_i、c_i，表示数量和积分。

接下来一行，一个正整数 t，表示奖励的倍数。

接下来一行，t 个递增的整数 t_i，表示买了 t_i 个物品之后，以后买的物品得到的积分倍率将是 (i+1)。

【输出格式】

一个整数，表示小 N 能得到的最多积分。

【输入样例】

1

5 3

2

3 6

【输出样例】

21

2）纸牌游戏（card，1s，256MB）

【问题描述】

小 A 和小 B 在打牌，一共有 2n 张牌，牌上的数字编号为 1 ～ 2n，每个人有 n 张牌。一共有 n 回合。每一个回合，谁出的牌大，谁就会得一分，小 A 预先知道了小 B 的牌以及出牌顺序，相对应地剩下的牌就是小 A 的牌，问小 A 怎么出牌能获得最大的分数。

【输入格式】

第一行，一个整数 n。接下来 n 行，其中第 i 行表示小 B 第 i 轮出的牌。

【输出格式】

一行，一个整数，表示最大的分数。

【输入样例】

3

1

6

4

【输出样例】

2

第12章

二分与分治

　　在计算机科学中，我们可以通过循环和数组来解决大部分的问题，但是在面对一些数据规模比较大的问题时，这种方法的效率往往比较低。这时往往可以使用二分和分治的策略，分解成若干规模较小的、相互独立的、相同或类似的子问题，分而治之，再合成得到问题的解。

12.1 二分算法

1. 知识讲解

二分是一种十分有用的策略，在很多时候往往能简化问题，去除冗余，尽可能快地求得目标。尽管二分的思想很简单，但是它的扩展性特别强，应用面非常广。总体来说，二分思想有三种不同类型的应用，包括二分查找、二分枚举与二分搜索。二分往往需要满足单调性，例如，有函数 f(x)，有任意的 $x_1 < x_2$，都有 $f(x_1) < f(x_2)$，求出 x 满足 f(x)=0[即 f(x) 的零点]。解决这个问题的具体过程如下。

第一步，确定边界，例如我们已知零点在 -5 到 5 之间，那么左边界 L=-5，右边界 R=5。

第二步，找到中点 mid=(L+R)/2，求出 f(mid)。

第三步，缩小范围。如果 f(mid)<0，那么根据单调性（或者画一个简单的图去理解一下），零点就在 mid 的右边，那么零点的范围就在 mid 到 R（不包括 mid）。反之就在 L 到 mid（不包括 mid）。然后回到第二步继续查找。

例 最小临近数（number，1s，256MB）。

【问题描述】

读入 n 个数 a[i]，保证 a[i]<a[i+1](i<n)，给 q 个询问，每次询问读入一个整数 x，求满足 a[i] ≥ x 最小的 i。

如果没有满足条件的 i，则输出 Wrong。($n \leq 10^5$，$q \leq 10^5$，$a[i] \leq 2 \times 10^9$)

【输入格式】

第一行，两个整数 n，q。

第二行，n 个整数，表示 a[i]。

第三行，q 个整数，第 i 个表示第 i 个询问的 x。

【输出格式】

Q 行，q 个整数，或者 Wrong。

【输入样例】

5 5

3 6 8 10 15

4 6 12 9 16

【输出样例】

2

2

5
4
Wrong

【问题分析】

由于原数据已经保证了单调性，直接二分查找判断即可。以下代码实际上可以作为二分查找的简单模板，只需要根据题目要求修改判断条件"a[mid]>=x"即可：

```cpp
//p12-1-1
#include<cstdio>
#include<algorithm>
#define maxn 100005
using namespace std;
int n,q,i,j,k,x,a[maxn];
int l,r,mid,ans;
int main(){
    scanf("%d%d",&n,&q);
    for(i=1;i<=n;i++) scanf("%d",&a[i]);
    for(i=1;i<=q;i++){
        scanf("%d",&x);
        l=1,r=n,ans=n+1;// 确定边界在 1 到 n 中。
        while (l<=r){
            mid=(l+r)/2;
            if (a[mid]>=x) {
                ans=min(ans,mid);
                    // 满足这个条件它就可能成为答案，找到其中的最小的，即取 min
                r=mid-1;// 更小的答案还有可能在 L 到 mid-1 中。
            } else l=mid+1;.// 所有 i<=mid 都不满足，所以有用的范围只有 mid+1 到 r
        }
        if (ans==n+1) printf("Wrong\n");// 中间没有成功找到任何一个合法的答案。
        else printf("%d\n",ans);
    }
}
```

2. 实践巩固

羊羊吃草（eat，1s，256MB）

【问题描述】

小羊们上完课后，纷纷到草场上吃草。而羊村现在正在进行特色示范羊村检查，领导们想看看羊村的草场。羊村的草场是连续分布的，每块草场上都有数量不等的羊在吃草。领导们想要查看连续若干个草场，但是又不想看到超过 T 只羊。而村长希望领导们多看看羊村的风貌，

尽可能多参观几个草场。现在，请你帮村长决定，带领导们去参观哪一段草场，以满足领导和村长的要求。

【输入格式】

第一行，一个整数 N 和 T，表示羊村共有多少个连续草场，以及领导们希望看到羊数量的最大值。

第二行，N 个整数，各个整数间用一个空格分开，第 i 个数 a_i 表示第 i 个草场上有 a_i 只羊在吃草。编号从 1 到 N。

【输出格式】

输出一行，共两个数，表示参观的起点编号和终点编号，中间用空格分开。走的方向总是从编号小的到编号大的。另外，若有长度相同的可能性，输出起点编号较小的答案。数据保证至少有答案存在。

【输入样例】

5 10

6 3 2 1 7

【输出样例】

2 4

【数据范围】

30% 的数据，$1 \leqslant N \leqslant 100$;

60% 的数据，$1 \leqslant N \leqslant 1000$;

100% 的数据，$1 \leqslant N \leqslant 100000$，$0 \leqslant a_i \leqslant 10^9$，$0 \leqslant T \leqslant 2^{31}-1$。

12.2 分治算法

1. 知识讲解

分治，字面上的意思就是分而治之，把一个规模很大的问题分成两个或者两个以上的子问题进行求解，再把子问题分成若干个子问题进行求解……直到最后子问题可以直接求解，原问题的解即子问题的解的合并。分治法是很多高效算法的基础，如快速排序，归并排序，等等。

能够采用分治法解决的问题一般具有以下特征。

（1）问题缩小到一定规模可以简单解决；

（2）问题可以分解为若干个规模较小的模式相同的问题，即该问题具有最优子结构性质；

（3）合并分解出的子问题的解可以得到原问题的解；

（4）问题所分解出的各子问题之间是互相独立的。

因此，分治法适合采用递归的方式进行实现，当然也可以使用非递归的写法。递归写法的伪代码如下：

```
void deal(int l,int r)
{
  if (l==r) Return;
  int mid=(l+r)/2;
  deal(l,mid),deal(mid+1,r);
  solve(l,r);
}
```

例　比赛日程表（match，1s，256MB）。

【问题描述】

设有 n 位选手的循环比赛，其中 $n=2^m$，m 为正整数。要求每位选手要与其他 n-1 位选手都赛一次。每名选手每天比赛一次，循环赛共进行 n-1 天，要求每天没有选手轮空。图 12-1 是 8 位选手时（m=3）的循环比赛表，表中第一行为 8 位选手的编号，下面 7 行依次是每位选手每天的对手。

1	2	3	4	5	6	7	8
2	1	4	3	6	5	8	7
3	4	1	2	7	8	5	6
4	3	2	1	8	7	6	5
5	6	7	8	1	2	3	4
6	5	8	7	2	1	4	3
7	8	5	6	3	4	1	2
8	7	6	5	4	3	2	1

图 12-1　比赛日程表

【输入格式】

一行，一个整数 m。

【输出格式】

输出包括 n×n 行，表示比赛日程表，同一行选手编号用空格隔开。

【问题分析】

通过观察我们可以发现，这个数字方阵具有对称性，方阵的左上角与右下角的是前 4 位选

手的循环比赛表，而右上角和左下角是后4位选手的循环比赛表，它们在本质上是一样的，这样，n位选手的循环比赛表可以由 n/2 选手的循环比赛表根据对称性"生成"。因此，本题的"分治"思想很明显，即不断地把一个规模为 n 的构造问题分成 4 个规模为 n/2 的子问题，然后，从这些子问题的解构造出整个问题的解。参考程序如下：

```cpp
//P12-2-1
#include<cstdio>
const int MAXN=64;
int matchlist[MAXN+1][MAXN+1],m;
void makelist(int a1,int b1,int a2,int b2,int x,int y)
{
    if(x==y) matchlist[a1][b1]=x;
    else
        {
                int a3=(a1+a2)/2,b3=(b1+b2)/2,xy=(x+y)/2;
                makelist(a1,b1,a3,b3,x,xy);
                makelist(a1,b3+1,a3,b2,xy+1,y);
                makelist(a3+1,b1,a2,b3,xy+1,y);
                makelist(a3+1,b3+1,a2,b2,x,xy);
        }
}
int main()
{
    scanf("%d",&m);
    int n=1<<m;
    makelist(1,1,n,n,1,n);
    for(int i=1;i<=n;i++)
    {
            for(int j=1;j<=n;j++)
                    printf("%d",matchlist[i][j]);
            putchar('\n');
    }
    return 0;
}
```

如果采用非递归的方式，则可以改写为：

```cpp
#include<cstdio>
const int MAXN=64;
int matchlist[MAXN+1][MAXN+1];
int m;
int main()
```

```
{
    scanf("%d",&m);
    int n=1<<m,k=1,half=1;   // 1<<m 相当于 2^m
    matchlist[0][0]=1;
    while(k<=m)
    {
            for(int i=0;i<half;i++)  // 构造右上方方阵
                    for(int j=0;j<half;j++)
                            matchlist[i][j+half]=matchlist[i][j]+half;
            for(int i=0;i<half;i++)      // 对称交换构造下半部分方阵
                    for(int j=0;j<half;j++)
                    {
                            matchlist[i+half][j]=matchlist[i][j+half];
                      // 左下方方阵等于右上方方阵
                            matchlist[i+half][j+half]=matchlist[i][j];
                      // 右下方方阵等于左上方方阵
                    }
            half*=2;
            k++;
    }
    for(int i=0;i<n;i++)
    {
            for(int j=0;j<n;j++)
                    printf("%d",matchlist[i][j]);
            putchar('\n');
    }
    return 0;
}
```

2. 实践巩固

逆序对（backward，1s，256MB）

【问题描述】

给你一个长度为 $n(n \leq 500000)$ 的数组，若 i<j 且 a[i]>a[j]，则称 (i，j) 是一个逆序对，你需要求出数列中逆序对的个数。

【输入格式】

第一行，1 个整数 n，表示数组的大小。第二行，n 个用空格分开的整数，表示数组的元素。

【输出格式】

一行，1 个整数，表示数列逆序对的个数。（注意大小可能无法用 32 位整数存下）

【输入样例】

4

3 2 4 1

【输出样例】

4

第13章

动态规划初步

　　动态规划（Dynamic Programming，DP）是求解"决策过程最优值"的一种常用方法。和分治法等一样，动态规划也是把一个复杂问题分解成相对简单的子问题进行求解，并且每个子问题只求解一次，避免重复计算。本章将会对动态规划的思想及简单应用进行详细讲解。

13.1 初识动态规划

13.1.1 记忆化搜索

1. 知识讲解

动态规划可以说是一种记忆化的搜索，即在搜索的过程中，使用标记数组或者哈希的方式将与状态有关且有用的信息记录下来，然后对后面的状态进行搜索，当状态已经搜索过，则可以直接调用信息，从而减少冗余计算。

例1 数字三角形（number，1s，256 MB）。

【问题描述】

在一个数字三角形中，从三角形的顶部到底部有很多条不同的路径。对于每条路径，把路径上面的数（每个数不超过 100）加起来可以得到一个和，你的任务就是找到最大的和。注意：路径上的每一步只能从一个数走到下一层中和它最近的左边的那个数或者右边的那个数。行数不超过 100。

【输入格式】

第一行，包含 R(1 ≤ R ≤ 1000)，表示行的数目。后面每行为这个数字金字塔特定行包含的整数。

【输出格式】

单独的一行，包含那个可能得到的最大的和。

【输入样例】

5
7
3 8
8 1 0
2 7 4 4
4 5 2 6 5

【输出样例】

30

【问题分析】

采用常见的深搜算法解决问题，我们可以定义一个函数 dfs(int x,int y,int sum)，表示从上往下，搜索到第 x 行、第 y 列所得到的和 sum，每搜索一层则加上当前位置上的数 a[x][y]；当搜索到最后一行，采用打擂台的方式存储最大值到 ans 中，否则继续递归到正下方或者右下方，即 dfs(x+1,y,sum) 与 dfs(x+1,y+1,sum)。主程序中调用 dfs(1,1,0)，最后直接输出 ans 即可。核心参考程序如下：

```
void dfs(int x,int y,int sum){
    sum += a[x][y];
    if(x == n){
        ans = max(ans,sum);
        return;
    }
    dfs(x+1,y,sum);
    dfs(x+1,y+1,sum);
}
```

如果不带参数 sum，我们定义一个函数 opt(int x,int y) 表示从上往下，搜索到第 x 行、第 y 列所能够得到的最大和，直接递归求解，由下至上直到 a[1][1]，主程序中调用 opt(1,1) 并输出结果。因此，以上深搜的参考程序可采用描述式的写法表示为：

```
int opt(int x,int y){
    if(x == n) return a[x][y];
    else return a[x][y] + max(opt(x+1,y),opt(x+1,y+1));
}
```

其中，opt(x,y) 是状态，"opt(x,y)=a[x][y]+max(opt(x+1,y),opt(x+1,y+1))" 是状态之间的转移方程，但是每个节点 opt(x,y) 会被调用多次，即出现冗余计算。因此我们需要采用记忆化搜索的方式使得程序更加高效，即将 "a[x][y] + max(opt(x+1,y),opt(x+1,y+1))" 的结果存储到 f[x][y] 中，以表示 opt(int x,int y) 的值。因此，以上深搜的参考程序可采用记忆化的写法表示为：

```
int f[101][101];
memset(f,-1,sizeof(f));
int opt(int x,int y){
    if(f[x][y] != -1) return f[x][y];
    else if(x == n) return a[x][y];
        else {
                f[x][y] = a[x][y] + max(opt(x+1,y),opt(x+1,y+1));
                return f[x][y];
            }
}
```

如果我们采用更加动态规划式的写法，由下往上，求解每个阶段的每个状态的最优解，则以上程序可进一步改写为：

```
int f[101][101];
void dp(){
    for(int i = n; i >= 1; i--)
    for(int j = 1; j <= i; j++)
        if(i == n) f[i][j] = a[i][j];
        else f[i][j] = a[i][j] + max(f[i+1][j], f[i+1][j+1]);
}
```

当然，我们也可以设 f[i][j] 为从起点到达 (i,j) 所能得到的最优答案，转移方程也比较显然："f[i][j]=max(f[i-1][j-1],f[i-1][j])+a[i][j]"，即当前最优答案为上一层能转移到此位置的两个位置的最优答案加上当前数字。完整参考程序如下所示：

```
//p13-1-1
#include<cstdio>
#include<iostream>
using namespace std;
int r,i,j;
int a[101][101]; //输入的数字三角形191
int f[101][101]; //dp 数组，记录从起点到当前点的最大数字和
int main()
{
    scanf("%d",&r);
    for (i=1;i<=r;i++)
    {
        for (j=1;j<=i;j++)
        {
            scanf("%d",&a[i][j]);
        }
    }
    f[1][1]=a[1][1];
    for (i=2;i<=r;i++)
    {
        for (j=1;j<=i;j++)
        {
            f[i][j]=max(f[i-1][j-1],f[i-1][j])+a[i][j];
        }
    }
    int ans=0;
    // 最后一行的每个点都有机会得到最优答案，所以要再扫一遍最后一行，得到最优解
    for (i=1;i<=r;i++)
    {
        ans=max(ans,f[r][i]);
```

```
    }
    printf("%d",ans);
}
```

2. 实践巩固

黑熊过河（bear，1s，256MB）

【问题描述】

爸爸给晶晶出了一道题：有一只黑熊想过河，但河很宽，黑熊不会游泳，只能借助河面上的石墩跳过去，但是每跳一次都会耗费一定的能量，黑熊最终可能因能量不足而掉入水中。幸运的是，有些石墩上放了一些食物，这些食物可以给黑熊增加一定的能量。问黑熊能否利用这些石墩安全地抵达对岸，请计算出抵达对岸后剩余能量的最大值。

【输入格式】

第一行，包含两个整数 P(黑熊的初始能量)，Q(黑熊每次起跳时耗费的能量)，$0 \leqslant P, Q \leqslant 1000$；

第二行，只有一个整数 n$(1 \leqslant n \leqslant 10^6)$，即河中石墩的数目；

第三行，有 n 个整数，即每个石墩上食物的能量值 $a_i(0 \leqslant a_i \leqslant 1000)$。

【输出格式】

仅一行，若黑熊能抵达对岸，输出抵达对岸后剩余能量的最大值；若不能，则输出 NO。

【输入样例】

12 5

5

0 5 2 0 7

【输出样例】

6

13.1.2 动态规划的基本模型

1. 知识讲解

动态规划的主要思想在于：分阶段性求问题的最优解，设置状态转移简化问题，采用递推的方法逐步推进，最终达到总问题最优解的目的。主要遵循以下原则。

（1）多阶段决策最优化：对于每个阶段状态的最优解将导致整个问题的全局最优，而非最优解对问题的求解没有影响。

（2）无后效性原则：当前的状态一旦确定，则此后状态的演变不受之前状态决策过程的影响，即以前的事情不影响未来的事情。此原则是判断问题是否能运用动态规划求解的根本依据。

使用动态规划算法解决问题的主要实现思路及过程如下。

（1）分析问题，设置状态（一般设置 dp 数组存储最优化结果）。

（2）通过状态推导转移方程。

（3）理清程序实现架构及基本步骤（一般是循环）。

例 2　求最长不下降序列（order，1s，256MB）。

【问题描述】

设有由 n 个不相同的整数组成的数列，记为 b(1)、b(2)、…、b(n) 且 b(i) ≠ b(j) (i ≠ j)，若存在 $i_1 < i_2 < i_3 < \cdots < i_e$ 且有 $b(i_1) < b(i_2) < \cdots < b(i_e)$ 则称其为长度为 e 的不下降序列。程序要求，当原数列出之后，求出最长的不下降序列。

例如有数列 13，7，9，16，38，24，37，18，44，19，21，22，63，15。其中 13，16，18，19，21，22，63 就是一个长度为 7 的不下降序列，同时也有 7，9，16，18，19，21，22，63 这个长度为 8 的不下降序列。

【输入格式】

第一行，一个整数 n。

第二行，n 个不相同的整数。

【输出格式】

第一行，最长不下降子序列长度。

第二行，最长不下降子序列。

【输入样例】

14

13 7 9 16 38 24 37 18 44 19 21 22 63 15

【输出样例】

8

7 9 16 18 19 21 22 63

【问题分析】

根据动态规划的原理，由后往前进行搜索。首先，对于 b(n) 来说，由于它是最后一个数，所以当从 b(n) 开始查找时，只存在长度为 1 的不下降序列；若从 b(n-1) 开始查找，则存在下面的两种可能性。

（1）若 b(n-1)<b(n)，则存在长度为 2 的不下降序列 b(n-1) 或 b(n)。

（2）若 b(n-1)>b(n)，则存在长度为 1 的不下降序列 b(n-1) 或 b(n)。

因此，一般若从 b(i) 开始，此时应该在 b(i+1),b(i+2),…,b(n) 中，找出一个比 b(i) 大且最长的不下降序列作为它的后继，以形成 b(i) 开始的最长不下降序列。由于题目要求输出最长不下降子序列，因此我们可以定义二维数组 b[100][4]，其中 b[i][1] 表示第 i 个数的数值本身；b[i][2] 表示从第 i 个位置到达 n 的最长不下降序列长度；b[i][3] 表示从 i 个位置开始最长不下降序列的下一个位置，若 b[i][3]=0 则表示后面没有连接项。参考程序如下：

```
//p13-1-2
#include<iostream>
using namespace std;
int main(){
  int n,i,j,l,k,b[100][4];
  cin>>n;
  for(i=1;i<=n;i++)
    {
        cin>>b[i][1];
        b[i][2]=1;b[i][3]=0;
    }
  for(i=n-1;i>=1;i--)
  {
        l=0;k=0;
        for(j=i+1;j<=n;j++)
        if((b[j][1]>b[i][1])&&(b[j][2]>l))
        {
            l=b[j][2];
            k=j;
        }
        if(l>0)
        {
            b[i][2]=l+1;b[i][3]=k;
        }
  }
  k=1;
  for(j=1;j<=n;j++)    // 求最长不下降序列的起始位置
  if(b[j][2]>b[k][2]) k=j;
  cout<<b[k][2]<<endl;
  while(k!=0)    // 输出最长不下降序列
  {
        cout<<" "<<b[k][1];
        k=b[k][3];
  }
  return 0;
}
```

2. 实践巩固

合唱队形（chorus，1s，256MB）

【问题描述】

N 位同学站成一排，音乐老师要请其中的 (N-K) 位同学出列，使得剩下的 K 位同学排成合唱队形。合唱队形是指这样的一种队形：设 K 位同学从左到右依次编号为 1, 2, …, K，他们的身高分别为 $T_1, T_2, …, T_K$，则他们的身高满足 $T_1 < T_2 < … < T_i，T_i > T_{i+1} > … > T_K (1 \leq i \leq K)$。你的任务是，已知所有 N 位同学的身高，计算最少需要几位同学出列，可以使得剩下的同学排成合唱队形。

【输入格式】

第一行，一个整数 N（2 ≤ N ≤ 100），表示同学的总数。

第二行，n 个整数，用空格分隔，其中第 i 个整数 T_i（130 ≤ T_i ≤ 230）是第 i 位同学的身高（厘米）。

【输出格式】

包括一行，只包含一个整数，就是最少需要几位同学出列。

【输入样例】

8

186 186 150 200 160 130 197 220

【输出样例】

4

【数据范围】

对于 50% 的数据，保证有 n ≤ 20；对于全部的数据，保证有 n ≤ 100。

13.2 基础动态规划

1. 知识讲解

本部分内容主要针对动态规划在解决实际问题中如何应用进行讲解，便于你进一步理解和掌握动态规划的基础应用。

例 1 圣诞树（christ，1s，256MB）。

【问题描述】

圣诞特别礼物挂在一棵圣诞树上，这棵树有 n 层，每层有一件礼物，每件礼物都有一个价值，有的礼物还有一些连接线，与下层的礼物相连。领取礼物的规则如下：任选一件礼物，它的下面如果有连接线，则可以继续取它连接的礼物，依次类推，直至取到没有连接线的礼物才结束。你如果是第一个去取，怎样取才能获得最大的价值呢？请你编一个程序解决这一问题。注意：不存在从某一层礼物出发经过若干层后又回到原来这一件礼物的路径。

【输入格式】

第一行，只有一个数据 n(n ≤ 100)，表示有 n 层礼物。

以下有 n 行数据，分别表示第 1～n 层礼物的状态，每行至少由一个数据构成，且第一个数据表示该礼物的价值，后面的数据表示它与哪些层的礼物相连。如果每行只有一个数据，则说明这层礼物没有与下层礼物相连，每个礼物的价值均不超过 10000。

【输出格式】

只有一个数，表示获得的取大价值。

【输入样例】

```
3
12 2 3
20
30
```

【输出样例】

```
42
```

【问题分析】

本题是一道经典的动态规划题。很明显，题目规定所有路径都是单向的，所以满足无后效性原则和最优化原理。设 $w[i]$ 为第 i 层礼物的价值，$bz[i][j]$ 表示第 i 层与第 j 层之间是否连通，$f[i]$ 为到第 i 层为止礼物的最大价值，初始值为 $w[i]$，则有如下递归式：

$$f[j]=\max\{ w[j]+ f[i]\} \quad (i<j<=n , bz[i][j]=true)$$

于是通过递推的方法，从前往后可逐个计算出所有的 $f[i]$，同时保存最大值到 ans 中。

```cpp
//p13-2-1
#include<bits/stdc++.h>
using namespace std;
int f[2001],w[2001];
int i,j,n,bz[2001][2001],ans,x;
char ch;
int main()
{
    cin>>n;
  for(i=1;i<=n;i++)
    {
```

```
        scanf("%d",&w[i]);
        f[i]=w[i];
        ch=getchar();
        while(ch==' ')
        {
                scanf("%d",&x);
                bz[i][x]=1;
                ch=getchar();
        }
    }
    for(i=1;i<=n-1;i++)
    for(j=i+1;j<=n;j++)
    if(bz[i][j]&&f[i]+w[j]>f[j])
    {
        f[j]=f[i]+w[j];
        if(f[j]>ans) ans=f[j];
    }
    printf("%d",ans);
    return 0;
}
```

例 2 背包问题（bag，1s，256MB）。

【问题描述】

有 n（n ≤ 1000）种物品和一个容量为 m（m ≤ 1000）的背包。第 i 种物品只有 1 个，体积是 w[i]，价值是 v[i]。选择物品装入背包，使这些物品的体积总和不超过背包容量，且价值总和最大。求出这个最大价值。

【输入格式】

一行，两个整数 m 和 n。

后面 n 行，每行两个数，为体积 w[i] 与价值 v[i]。

【输出格式】

一行，一个数，表示这个背包可以装载物品的最大价值。

【输入样例】

100 5

77 92

22 22

29 87

50 46

99 90

【输出样例】

133

【问题分析】

本题要求求解在背包限定装载容量内，使装载的物品价值尽量大。这也是一道很经典、很常规的动态规划应用题目，首先我们需要通过分析问题设置状态，设 f[i][j] 表示现在容量为 j 的背包里装载前 i 件物品所能获得的最大价值，如果第 i 件物品不放入背包中，那么问题就转换为将前 i-1 件物品放到容量为 j 的背包中，最大价值为 f[i-1][j]；如果第 i 件物品能放入背包中，那么问题就转换为将前 i-1 件物品放到容量为 j-w[i] 的背包中，最大价值为 f[i-1][v-w[i]] + v[i]，因此状态转移方程可表示为：f[i][j]=max(f[i-1][j],f[i-1][j-w[i]]+v[i])，表示当前第 i 个物品，把它放进背包和不放进背包的两种情况取较优解，进而利用循环实现程序，最终求出最优解 f[n][m]。参考程序如下：

```
//p13-2-2
#include<cstdio>
#include<iostream>
using namespace std;
int n,m,i,j;
int v[1010],w[1010],f[1010][1010];
int main()
{
    scanf("%d%d",&m,&n);
    for (i=1;i<=n;i++)
    {
        scanf("%d%d",&w[i],&v[i]);
    }
    for (i=1;i<=n;i++)
    {
        for (j=w[i];j<=m;j++)
        {
            f[i-1][j]=max(f[i-1][j],f[i-1][j-w[i]]+v[i]);
        }
    }
    printf("%d",f[m]);
}
```

此算法的时间复杂度为 O(n×m)，空间复杂度也为 O(n×m)。其中，n 表示物品个数，m 表示背包容量。时间复杂度不可以再优化了，但是空间复杂度可以继续优化到 O(m)，即我们可以

使用一维数组 f[j] 表示前 i 个物体放到容量 j 的背包中的最大价值，但这个时候在第二重循环中，增序枚举背包容量与逆序枚举背包容量将会产生不同的结果。

2. 实践巩固

1）开心的金明（happy，1s，256 MB）

【问题描述】

金明今天很开心，家里购置的新房就要领钥匙了，新房里有一间他自己专用的很宽敞的房间。更让他高兴的是，妈妈昨天对他说："你的房间需要购买哪些物品，怎么布置，你说了算，只要不超过 N 元钱就行。"今天一早，金明就开始做预算，但是他想买的东西太多了，肯定会超过妈妈限定的 N 元。于是，他把每件物品规定了一个重要度，分为 5 等，用整数 1～5 表示，第 5 等最重要。他还从网上查到了每件物品的价格（都是整数元）。他希望在不超过 N 元（可以等于 N 元）的前提下，使每件物品的价格与重要度的乘积的总和最大。

设第 j 件物品的价格为 v[j]，重要度为 w[j]，若选中了 k 件物品，编号依次为 $j_1, j_2, \cdots, j_k$，则所求的总和为：

v[j1]*w[j1]+v[j2]*w[j2]+ ···+v[jk]*w[jk]。（其中 * 为乘号）

请你帮助金明设计一个满足要求的购物单。

【输入格式】

第 1 行，两个正整数 N 和 m，用一个空格隔开，其中 N（≤30000）表示总钱数，m（≤25）为希望购买物品的个数。

从第 2 行到第 m+1 行，其中第 j 行给出了编号为 j-1 的物品的基本数据，每行有 2 个非负整数 v 和 p，其中 v 表示该物品的价格 (v≤10000)，p 表示该物品的重要度 (1～5)。

【输出格式】

只有一个正整数，为不超过总钱数的物品的价格与重要度乘积的总和的最大值（≤100000000）。

【输入样例】

```
1000 5
800 2
400 5
300 5
400 3
200 2
```

【输出样例】

```
3900
```

2）抢金块（bullion，1s，256MB）

【问题描述】

地面上有一些格子，每个格子上面都有金块，但不同格子上的金块有不同的价值，你一次可以跳 S～T 步（$2 \leq S < T \leq 10$）。例如 S=2，T=4，你就可以跳 2 步、3 步或 4 步。你从第一个格子起跳，必须跳到最后一个格子上，请你输出最多可以获得的金块的总价值。

【输入格式】

第 1 行，格子个数 n（n<1000）；

第 2 行，S 和 T，保证 T 大于 S（$2 \leq S < T \leq 10$）；

第 3 行，每个格子上的金块价值 p_i（$p_i < 1000$）。

【输出格式】

输出最多可以获得的金块的总价值。

【输入样例】

10

2 3

4 5 8 2 8 3 6 7 2 9

【输出样例】

36

【样例解释】

跳 1、3、5、8、10，总价值：4+8+8+7+9=36。

第14章
基础数据结构

　　数据结构是相互之间存在一种或者多种特定关系的数据元素的集合。程序设计的实质是对确定的问题选择一种好的数据结构及算法，可见数据结构在程序设计中占据了重要的地位。我们这里所提到的基础数据结构主要包括栈、队列、堆等，这些数据结构以及它们的变式是信息学竞赛中重要的知识点。本章将主要讲解栈、队列、堆这三种数据结构以及它们的变式和应用。

14.1 栈

14.1.1 栈的基本操作

栈是一种"后进先出"的数据结构，其插入和删除操作都限制在表的一端进行，前文提到的深搜就是一种基于栈的搜索算法。栈有以下几个基本概念。

（1）栈底：顾名思义，就是栈的底部；

（2）栈顶：即栈的顶部；

（3）加入元素：把一个元素加入栈中，并将它放在栈顶；

（4）弹出元素：将栈顶元素弹出（注意弹出时只能弹出栈顶元素）。

如图 14-1 所示，此时栈中有 a、b、c 和 d 四个元素，a 位于栈底，d 位于栈顶；假设加入一个新元素 e，如图 14-2 所示，此时 e 位于栈顶，而 a 还是位于栈底；如果弹出栈顶元素，如图 14-3 所示，由于 e 被弹出，d 重新位于栈顶。

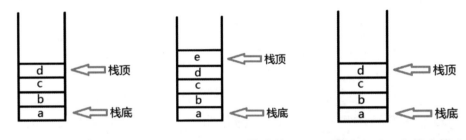

图 14-1　入栈出栈 1　　　图 14-2　入栈出栈 2　　　图 14-3　入栈出栈 3

以上便是栈的基本操作，即我们可以在栈中加入一个元素或者弹出栈顶的元素。需要注意的是，如果当前栈为空（即栈中没有元素），那么我们就不能进行弹出操作，否则将出现"下溢"；如果栈已满，再进行入栈操作时，就要产生"上溢"，"上溢"是一种致命的错误，将导致程序无法继续运行。

例 1　对于入栈顺序为 a, b, c, d, e, f, g 的序列，下列不可能是合法的出栈序列的是（　　　）。

（A）a,b,c,d,e,f,g　　　（B）a,d,c,b,e,g,f　　　（C）a,d,b,c,g,f,e　　　（D）g,f,e,d,c,b,a

【问题分析】

我们可以直接模拟每一个选项，看每次弹出的是否为栈顶元素，下面以 B 选项作为例子讲解一下：

（1）加入 a，当前栈为：a　　　　　　（2）弹出 a，当前栈为：

（3）加入 b，当前栈为：b　　　　　　（4）加入 c，当前栈为：b c

（5）加入 d，当前栈为：b c d　　　　（6）弹出 d，当前栈为：b c

（7）弹出 c，当前栈为：b　　　　　　（8）弹出 b，当前栈为：

（9）加入 e，当前栈为：e　　　　（10）弹出 e，当前栈为：

（11）加入 f，当前栈为：f　　　　（12）加入 g，当前栈为：f g

（13）弹出 g，当前栈为：f　　　　（14）弹出 f，当前栈为：

最终发现，这种操作下的出栈顺序是 a d c b e g f，所以 B 选项是合法的。同理，模拟 A、C、D 选项，最终发现只有 C 是不合法的。

例 2　操作序列（shed，1s，256MB）。

【问题描述】

现在给出一个操作序列，包括：

（1）1 x：在栈中加入一个元素 x；

（2）2：删除栈顶元素；

（3）3：查询当前栈顶元素。

【输入格式】

第 1 行，一个整数 T，表示操作的数目。

接下来 T 行，每行一个操作。

【输出格式】

对于每一个操作（3），输出一行表示当前的栈顶元素。

【输入样例】

```
8
1 1
1 2
1 3
2
3
2
1 4
3
```

【输出样例】

```
2
4
```

【数据范围】

$1 \leqslant T \leqslant 100$

【问题分析】

直接模拟栈的操作即可，参考程序如下：

```
//p14-1-1
#include<cstdio>
int a[100],top,T,type,x;
int main(){
    scanf("%d",&T);
    while(T>=1){
        scanf("%d",&type);
        if(type==1)
        {
            scanf("%d",&x);
            top++;a[top]=x;//加入 x
        }
        if(type==2) top--;//弹出栈顶
        if(type==3) printf("%d\n",a[top]);   //查询栈顶元素
        T--;}}
```

14.1.2 栈的应用

1. 知识讲解

栈的应用中，单调栈十分常见。它的基本思想是：在栈的基础上，保证每一时刻栈中的元素都具有单调性。

如何保证单调栈中的元素具有单调性呢？我们可以在加入一个元素的时候，比较一下它和栈顶是否满足单调性。如果不满足，就弹出栈顶。一直这样循环下去，直至找到一个和它满足单调性的栈顶为止，然后将当前元素加入栈顶位置。例如，我们现在要维护一个递增的单调栈，假设当前栈的初始状态如图 14-4 所示。

现在我们要加入一个元素 4。首先比较栈顶 9 和 4，发现 9 大于 4，不满足单调性，于是我们要把栈顶 9 弹出，这时栈就变成了图 14-5；我们再比较栈顶 5 和 4，发现栈顶 5 还是大于 4，于是我们就把栈顶 5 弹出，如图 14-6 所示；继续比较栈顶 2 和 4，发现 2 小于 4，满足条件，于是把 4 加入栈顶，如图 14-7 所示，因此，我们就完成了一个递增的单调栈的维护。下面是以上操作的核心代码：

```
void insert(int x)
{
        while(top>=1&&a[top]>=x)top--;
        top++;a[top]=x;
}
```

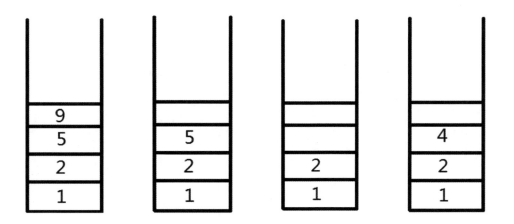

图 14-4　单调栈 1　图 14-5　单调栈 2　图 14-6　单调栈 3　图 14-7　单调栈 4

例 3　牛的视野（vision，1s，256MB）。

【问题描述】

一群高度不完全相同的牛从左到右站成一排，每头牛只能看见它右边的比它矮的牛的发型，若遇到一头高度大于或等于它的牛，则无法继续看到这头牛后面的其他牛。

给出这些牛的高度，求出每头牛可以看到的牛的数量的和并输出。

【输入格式】

第一行，一个整数 n，表示奶牛的数量。

第二行，n 个整数，其中第 i 个整数表示从左到右第 i 头奶牛的高度。

【输出格式】

一行，一个整数，表示答案。

【输入样例】

5

4 5 2 3 1

【输出样例】

4

【数据范围】

$1 \leqslant n \leqslant 100000$

【问题分析】

在这里我们把问题等效于每头牛可以被看到的次数之和来求解。这时我们可以维护一个递减的单调栈，栈底元素最大，从左到右读取牛的高度，当前高度小于栈顶元素时，从栈顶开始把高度小于或等于当前牛的高度的那些元素删除，此时栈中剩下的元素的数量就是可以看见当前牛的其他牛的数量；把这个数量加在一起，然后把当前高度入栈，继续下一个操作，最终就

创客教育系列丛书 初中第三册

可以得到答案。参考程序如下所示：

```cpp
//p14-1-2
#include <iostream>
#include <cstdio>
using namespace std;
const int N=100005;
int stack[N];
int top,n;
int main(){
    int num;
    long long ans=0;
    scanf("%d",&n);
    for (int i=0;i<n;++i)
    {
        scanf("%d",&num);
        while(top>0&&stack[top-1]<=num) --top;
        ans+=top;
        stack[top++]=num;
    }
    printf("%lld\n",ans);
    return 0;}
```

2. 实践巩固

程序员输入问题（input，1s，256 MB）

【问题描述】

程序员输入程序出现差错时，可以采取以下的补救措施：按错了一个键时，可以补按一个退格符"#"，以表示前一个字符无效；发现当前一行有错，可以按一个退行符"@"，以表示"@"与前一个换行符之间的字符全部无效。

【输入格式】

输入一行字符，个数不超过 100。

【输出格式】

输出一行字符，表示实际有效字符。

【输入样例】

sdfosif@for（ii#=1，#；i<.#=8；i+++#）

【输出样例】

for（i=1；i<=8；i++）；

14.2 队　列

1.知识讲解

　　队列是一种"先进先出"的数据结构，类似于生活中排队购票，其插入操作限定在一端进行，称为"入队"；其删除操作则限定在另一端进行，称为"出队"，前面我们所提到的广搜就是一种基于队列的算法。队列包括以下几种基本的操作，其中 head 表示队头，tail 表示队尾。

　　（1）求队列元素的个数：int size(){ return (tail-head+1) };

　　（2）加入元素，即入队：void push(int x){ q[++tail]=x };

　　（3）弹出元素，即出队：void pop(){ head++ };

　　（4）取队首元素：int get(){ return q[head++] }。

　　需要注意的是，随着入队与出队操作的进行，队头指针 head 不断向队尾移动，从而导致队头前面的空间浪费，当队尾指针 tail 指向最后一个位置时，如果再有元素入队就会出现"假溢出"。

　　例　舞会（dance，1s，256MB）。

【问题描述】

　　假设在周末舞会上，男士们和女士们进入舞厅时，各自排成一队。跳舞开始时，依次从男队和女队的队头上各出一人配成舞伴。规定每个舞曲能有一对跳舞者。若两队初始人数不相同，则较长的那一队中未配对者等待下一轮舞曲。现要求写一个程序，模拟上述舞伴配对问题。

【输入格式】

　　第一行，两队的人数 m 和 n（m,n ≤ 1000）。

　　第二行，舞曲的数目 k（k ≤ 1000）。

【输出格式】

　　K 行，每行两个数，表示男士和女士的配对情况，中间用空格隔开。

【输入样例】

4 3

6

【输出样例】

1 1

2 2

3 3

4 1

1 2

2 3

【问题分析】

设计两个队列分别站列男士和女士，依次将两队当前的队头元素出队来配成舞伴，每对跳舞的人一旦跳完后就回到队尾等待下次被选。参考程序如下：

```cpp
//p14-2-1
#include<cstdio>
#include<iostream>
using namespace std;
int  a[10001],b[10001],k1=1,k,i,h1=1,t1,h2=1,t2;
main(){
    int m,n;
    cin>>m>>n;
    for(i=1;i<=m;i++) a[i]=i;
    for(i=1;i<=n;i++) b[i]=i;
    cin>>k;
    t1=m; t2=n;
    while(k1<=k)
    {
        printf("%d %d\n",a[h1],b[h2]);
        t1++; a[t1]=a[h1]; h1++;
        t2++; b[t2]=b[h2]; h2++;
        k1++;
    }
    return 0;
}
```

2. 实践巩固

Blah 数集（blah，1s，256 MB）

【问题描述】

数学家高斯小时候偶然间发现一种有趣的自然数集合 Blah。对于以 a 为基的集合 Blah，定义如下。

（1）a 是集合 Blah 的基，且 a 是 Blah 的第一个元素；

（2）如果 x 在集合 Blah 中，则 2x+1 和 3x+1 也都在集合 Blah 中；

（3）没有其他元素在集合 Blah 中了。

现在小高斯想知道如果将集合 Blah 中元素按照升序排列，第 n 个元素会是多少？注意：集合中没有重复的元素。

【输入格式】

一行，两个正整数，分别表示集合的基 a 以及所求元素序号 n，$1 \leqslant a \leqslant 50$，$1 \leqslant n \leqslant 1000000$。

【输出格式】

一行，一个正整数，表示集合 Blah 的第 n 个元素值。

【输入样例】

1 100

【输出样例】

418

14.3 树

14.3.1 树的概念

树是一种非线性的数据结构，包括以下基本概念。

（1）父亲节点：根节点外的节点都有一个且仅有一个父亲节点，即它向上的第一个节点；

（2）儿子节点：若点 i 的父亲为 fa[i]，则 fa[i] 拥有一个儿子节点 i；

（3）节点的度：一个节点的儿子节点的数量；

（4）兄弟节点：拥有相同父亲节点的点互为兄弟；

（5）叶子节点：没有儿子节点的点；

（6）深度：从根到该节点的距离；

（7）树的度：所有节点的度的最大值即为树的度。

树的存储可以采用父亲节点存储法，示例代码如下：

```
int fa[maxn];
  void link(int x,int y)
  {
        fa[x] = y;
  }
```

在应用树数据结构解决问题时，往往要求按照某种次序获得树中全部节点的信息，这种操作叫作树的遍历。方法包括前序遍历（先访问根节点，再从左到右按照先序思想遍历各棵子树）、中序遍历（先遍历左子树，然后访问根节点，最后遍历右子树）、后序遍历（先从左到右遍历各棵子树，再访问根节点）等。

14.3.2 二叉树

二叉树，顾名思义是一种特殊的树，且每个点最多只有两个儿子。二叉树的种类有很多。

（1）满二叉树。如图 14-8 所示，满二叉树是指满足节点个数是 2^n-1 个且总共只有 n 层节

点的二叉树。在满二叉树中，一个点要么是叶子节点要么拥有两个儿子节点，假设非叶子节点的编号为 i，则 i 的两个儿子节点的编号分别是 2i 和 2i+1。

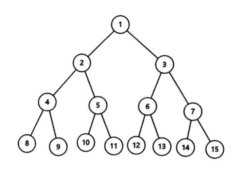

图 14-8　满二叉树

（2）完全二叉树如图 14-9 所示，和满二叉树相似，只不过完全二叉树的节点并不是填满的。

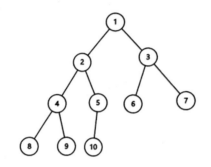

图 14-9　完全二叉树

前面我们提到，树的遍历包括前序遍历、中序遍历、后序遍历。举个例子，如图 14-10 所示的二叉树，它的前序遍历结果 ABEDCFGH，中序遍历结果为 EBDAFCGH，后序遍历结果为 EDBFHGCA。

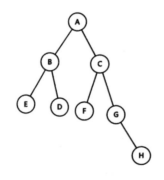

图 14-10　二叉树的遍历

14.3.3　堆

1. 知识讲解

堆是一种特殊的二叉树，它满足：对于一棵子树，根节点为子树内的最小（大）值。

如图 14-11 所示就是一个堆。

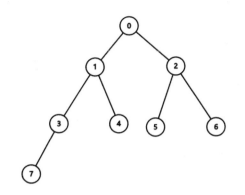

图 14-11　堆

使用堆的关键部分在于插入与取出两种操作。插入一个元素时，我们需要保证二叉树依旧满足堆的性质，因此我们可以首先在堆尾加入一个元素，并把这个节点置为当前节点；进而比较当前节点和它父节点的大小，如果当前节点小于父节点，则交换它们的值，并把父节点置为当前节点，然后继续比较当前节点和它父节点的大小；如果当前节点大于等于父节点，则结束。维护小根堆，即根节点为数内最小值的核心参考代码如下：

```
void Insert(int val) // 将 val 这个元素插入
    {
        heap[++n] = val; // 加入堆
            int now = n;
            while (now/2 >= 1){ // 将该元素上浮
            if (heap[now] < heap[now/2])
            {
                    swap(heap[now],heap[now/2]);
                    now/= 2;
            }
            else break;}} // 无法上浮则退出
```

取出并删除时，首先取出堆的根节点的值，进而把堆的最后一个节点（len）放到根的位置上，把根覆盖掉，把堆的长度减一；把根结点置为当前父节点，如果无儿子则结束，否则把根节点的两个儿子中值最小的那个置为当前节点。核心参考代码如下：

```
void Pop() // 弹出堆顶
  {
            heap[1] = heap[n--]; // 将最后一个元素放到堆顶
            int now =1;
            while (now*2<=n) // 下沉
    {
            int to=now*2;
            if (to+1<=n&&heap[to+1]<heap[to]) to++;
```

```
                if (heap[now]>heap[to])
                {
                        swap(heap[now],heap[to]);
                        now = to;}
                else break;  // 无法下沉则退出
        }
}
```

2. 实践巩固

合并果子（merge，1s，256 MB）

【问题描述】

在一个果园里，小敏已经将所有的果子打了下来，而且按果子的不同种类分成了不同的堆。现决定把所有的果子合成一堆，每一次合并，是把两堆果子合并到一起，消耗的体力等于两堆果子的重量之和。小敏在合并果子时，总共消耗的体力等于每次合并所耗体力之和，请输出这个最小的体力耗费值。例如有 3 种果子，数目依次为 1、2、9。可以先将 1、2 堆合并，新堆数目为 3，耗费体力为 3。接着，将新堆与原先的第三堆合并，又得到新的堆，数目为 12，耗费体力为 12。所以总共耗费体力为 3+12=15。

【输入格式】

第一行，一个整数 n（$1 \leqslant n \leqslant 30000$），表示果子的种类数。第二行，包含 n 个整数，用空格分隔，其中第 i 个整数 a_i（$1 \leqslant a_i \leqslant 20000$）是第 i 种果子的数目。

【输出格式】

一行，只包含一个整数，也就是最小的体力耗费值。

【输入样例】

3

1 2 9

【输出样例】

15

【数据范围】

对于 30% 的数据，保证有 n $\leqslant$ 1000；

对于 50% 的数据，保证有 n $\leqslant$ 5000；

对于全部的数据，保证有 n $\leqslant$ 30000。